中国金融发展的收入分配效应研究

徐汝峰　著

山东大学出版社
SHANDONG UNIVERSITY PRESS
·济南·

图书在版编目(CIP)数据

中国金融发展的收入分配效应研究/徐汝峰著.—济南:山东大学出版社,2022.5
ISBN 978-7-5607-7516-6

Ⅰ.①中… Ⅱ.①徐… Ⅲ.①金融业—经济发展—关系—收入分配—研究—中国 Ⅳ.①F832②F124.7

中国版本图书馆 CIP 数据核字(2022)第 078144 号

责任编辑 李艳玲
封面设计 王秋忆

出版发行 山东大学出版社
社　　址 山东省济南市山大南路 20 号
邮政编码 250100
发行热线 (0531)88363008
经　　销 新华书店
印　　刷 济南新科印务有限公司
规　　格 880 毫米×1230 毫米　1/32
　　　　 6.25 印张　150 千字
版　　次 2022 年 5 月第 1 版
印　　次 2022 年 5 月第 1 次印刷
定　　价 39.00 元

前言

改革开放40多年来，中国经济保持了年均9.8%以上的增长速度，成为仅次于美国的世界第二大经济主体。但与经济高速增长相伴的是收入分配差距的持续扩大。2012年中国家庭金融调查与研究中心发布的调查报告指出，截至2010年，中国社会总体的基尼系数达到了0.61。该研究报告还分别测算了城镇和农村的基尼系数，指出中国城镇家庭的基尼系数达到了0.56，农村家庭的基尼系数达到了0.60；其中尤为明显的是城乡居民收入分配差距由1980年的1.8上升到了2010年的3.36。持续扩大的收入分配差距不仅不利于扩大内需，影响了中国经济转型升级，而且将会带来一系列严重的经济、社会和政治问题。

本书在分析金融发展与经济增长关系的基础上将研究拓展到收入分配层面，分析研究金融发展的收入分配效应；通过分析金融体系在经济中的功能，总结了金融发展实现其对收入的分配效应主要通过四种机制——增长机制、门槛机制、非均衡机制和技术进步机制，并从总体、城乡、区域层面实证分析了金融发展的收入分配效应。实证结果表明，中国金融发展扩大了总体和城乡收入分配差距，但对区域收入分配差距的影响具有不同的效果。无论是金融发展规模的扩大还是金融发展效率的提升，都显著降低东部地区的收入分配的不平等性；对中西部地区而言，金融发展规模的扩大显著拉大了区域内的收入分配的不平等性，而金融发展效率的提升对于短期收入分配的不平等性具有重要作用。对农村金融发展的收入分配效应的研究表明，金融发展对农村内部收入分配差距以及城乡之间收入差距都具有明显的扩大作用，其原因在于农村金融资源大量流向城市和农村金融资源缺乏普惠性。具体而言，本书的研究包括以下内容。

第一，本书对金融发展理论和收入分配理论进行了梳理，从理论层面分析了金融发展影响收入分配的机制，其中包括金融发展的经济增长机制、金融发展的门槛机制、金融发展的非均衡机制和金融发展的技术进步机制，这四大机制保障了金融在促进经济增长的过程中实现了对收入的分配效应。

第二，利用时间序列数据，实证分析全国层面的金融发展对总体收入分配效应的影响。研究表明，以金融相关率衡量的金融发展水平与收入分配差距之间存在倒"U"形关系，因此政府应制定政策推动中西部地区和农村地区金融发展，引导金融资源向中西部地区和广大农村地区流动，以此缩小地区之间以及城乡之间的收入分配差距。

第三，基于SVAR模型，实证分析金融发展的城乡收入分配效应。研究表明，金融发展规模是影响城乡收入差距的最主要因素，人均GDP和城市化水平对城乡收入差距变化的影响次之，而金融发展效率对城乡收入差距变化的贡献度是最小的，说明金融发展效率对城乡收入差距变化的影响不大。

第四，对中国金融发展的区域收入分配效应进行了分析。结果表明，东部地区已经处于库兹涅茨倒"U"形曲线的后半段，而中部地区处于该曲线的中间段，西部地区目前还处于该曲线的前半段。金融发展会缩小东部地区的收入分配差距，拉大中西部地区的收入分配差距，加剧该地区的收入分配的不平等。

第五，分析研究了中国农村金融发展的内部收入分配效应和城乡收入分配效应。结果表明，东部地区农村金融发展对农村内部收入分配差距的缩小具有积极作用；中西部地区农村金融的发展呈现出相同的特征，无论是农村存款、农村贷款还是存款转化贷款的比率，它们的提高都会不同程度地扩大本地区的农村居民收入差距。农村金融规模的增加和效率的提高并没有缩小城乡收入差距，相反却是拉大了城乡收入差距。

第六，本书在总结相关结论的基础上，给出了政策建议。应通过对金融体制和金融体系的进一步改革，使金融发展对收入的分配效应更体现公平性。通过建立良好的金融体系，促进经济增长，缩小收入分配差距，实现经济增长与分配公平的双赢；推动金融资源在区域间、城乡间的均衡配置；实现金融发展的广化效应，降低金融服务的门槛效应，使更多人享受金融自由化带来的收益；建立健全多层次、广覆盖、可持续的普惠性农村金融体系，加大对“三农”的支持力度，鼓励民间资本积极进入农村金融市场；进一步发展和完善以村镇银行、小额贷款公司和资金互助社为代表的农村小微型金融机构，增强其服务于“三农”的信心和力量。

徐汝峰

2022 年 4 月

目 录

第1章 研究概述

改革开放以来，中国经济发展迅速，成绩斐然，经济总量从1978年的3624.10亿元增长到2010年的397983亿元，保持着年均9.8%左右的增长速度。经过几十年的发展，中国经济总量超过日本成为仅次于美国的世界第二大经济体。然而，与高速经济增长相伴的是经济体内的收入分配差距不断扩大。2012年中国家庭金融调查与研究中心发布的调查报告指出，截至2010年，中国社会总体的基尼系数达到了0.61。该研究报告还分别测算了城镇和农村的基尼系数，指出中国城镇家庭的基尼系数达到了0.56，农村家庭的基尼系数达到了0.60；其中尤为明显的是城乡居民收入分配差距由1980年的1.8上升到了2010年的3.36。① 收入分配差距悬殊成为制约我国经济发展和社会稳定的一大问题。

---

① 《中国家庭金融调查报告》由西南财经大学和中国人民银行总行金融研究所联合成立的中国家庭金融调查与研究中心制作完成，2012年5月13日首份报告在北京发布。

1.1 研究背景与研究意义

1.1.1 研究背景

多年来,国内学者对中国收入分配差距问题进行了深入探讨,其焦点一般集中在经济发展战略、制度安排、经济开放、城市化进程、工业化进程、人力资本存量和产业结构变动等众多影响因素方面,其中的一些研究成果对认识中国收入分配差距扩大的现实和采取措施缩小收入分配差距具有重要的意义。中国经济高速增长的同时,金融发展迅速,已经逐步建立起了多种金融机构并存的多元化市场格局,尤其是创业板的推出,进一步完善了我国的金融市场结构,多渠道、多层次的金融市场体系逐步成熟。金融发展对经济增长的推进作用毋庸置疑;另外,金融作为促进资源流动、配置各项资源的重要手段,对收入分配影响的渠道和机制值得研究,金融发展收入分配效应研究对进一步深入理解收入分配问题具有重要意义。

1.1.2 研究意义

1.现实意义

改革开放以来,中国经济增长取得了举世瞩目的成绩,经济总量跃居世界第二。但与此同时,地区之间、城乡之间、行业之间以及社会各阶层收入分配差距持续拉大,其中城乡收入分配差距2010年达到了改革开放以来的最高峰3.36,以泰尔指数表示的区域收入分配差距2009年达到了0.662,衡量全国居民收入分配差距的基尼系数更是超过了国际公认的警戒线。[①]认识我国收入分配差距持续扩大的原因,对于缓解收入分配差距扩大趋势,避免收入分配差距过大对经济可持续增长和社会稳定带来的冲击具有重要意义。金融是经济的核心,金融发展对收入分配的影响不容忽视。中国的金融体制改革已经取得重要进步,全方位、多层次的金融市场体系逐步建立,金融在配置社会资源、促进经济增长中所起的作用越发重要。认识金融发展对收入分配的影响,对于进一步深化金融体制改革,发挥金融体系在收入分配方面的功能,促进区域经济、城乡经济协调发展,实现经济社会的和谐科学发展具有重要的现实意义。

2.理论意义

已有文献对金融发展的研究集中于金融发展对经济增长的效应,并且取得了较为丰富的研究成果。大部分研究都支持金融发展对经济的促进作用,这方面的学者有斯蒂格利茨(J.E.Stiglitz)、莱文(R.Levine)、麦金农(R.I.Mckinnon)、泽尔沃斯(S.Zervos)、拉詹(R.G.Rajan)和津加莱斯(L.Zingales)。但众多研究只关注到了金融发展与经济增长的关系,却忽视了金融发展水平对收入分配的影响。20世纪90年代以来,一些学者逐渐开始关注金融发展对收入分配的影响,相继提出了金融发展对收入分配影响的三种关系。第一种观点是格林伍德

① 具体数据可参见中国家庭金融调查数据库。

(J.Greenwood)和约万诺维奇(B.Jovanovic)的倒"U"形理论，他们认为金融发展对收入分配的影响存在一种倒"U"形的关系，即在金融发展的初期，金融发展会恶化收入分配差距；但是随着金融进一步的发展，收入分配的不平等性会逐渐改善。[①] 第二种观点是金融发展对收入分配的不平等具有长期的改善作用。加勒(O.Galor)和泽拉(J.Zeira)通过构造两部门跨时期模型，证明金融发展可以促进穷人进行人力资本的投资，从而提高穷人的收入，收入分配不平等会因此而得到改善。[②] 第三种观点是金融发展会恶化收入分配的不平等，代表人物是毛雷尔(N.Maurer)和哈伯(S.Haber)。他们认为，只有富人群体以及和金融机构具有某种政治利益联系的企业才能获得信贷服务，穷人很难获得金融服务，金融发展为富人提供了更多的投资机会，其收入的增长要比穷人快得多，金融发展会进一步恶化原有的收入分配的不平等。[③] 对于中国金融发展对收入分配差距的影响，研究者一般进行的是实证分析。学者们做的大量工作为我们开拓了研究金融发展对收入分配影响的视野，但已有研究往往从跨国角度实证分析金融发展对收入分配差距的影响，缺乏对金融发展影响收入分配差距机制的研究。中国的经济具有较强的二元性特征，区域经济发展不平衡。金融体

---

① Jeremy Greenwood, Boyan Jovanovic. Financial Development, Growth, and the Distribution of Income [J]. Journal of Political Economy, 1990, 98:1076-1107.

② Oded Galor, Joseph Zeira. Income Distribution and Macroeconomics [J].Review of Economic Studies,1993,60:35-52.

③ Nobel Maurer and Stephen Haber. Related Lending and Economics Performance: Evidence from Mexico [J]. The Journal of Economic History, 2007, 67: 15-81.

制改革对这种二元性和不平衡性有何影响？金融发展通过什么样的渠道和机制实现了其收入分配效应？认识这些问题，对于丰富和拓展中国金融发展理论具有重要意义。

1.2　相关概念界定

1.2.1　金融发展概念界定

1.金融发展的概念

戈德史密斯（L. W. Goldsmith）是金融发展理论的奠基人，在其所著的《金融结构和金融发展》中他指出，金融发展是指金融结构由一种状态向另外一种状态的演变，可以用全部金融资产与国民财富之比来衡量。[①] 格利（J. G. Gurley）和肖（E. S.Shaw）认为，金融发展主要是指各类金融资产的增多以及各种金融机构的设立，主要表现为发展中国家的金融深化和发达国家的金融创新过程。[②] 国内学者张杰对比金融发展提出了“金融成长”的概念，认为金融成长不仅包括金融市场的完善和金融结构的变化，而且还包含金融结构的空间差异、部门差异，是金融增长和金融发展的有机统一体。[③] 白钦先教授提出了

① 雷蒙德・W. 戈德史密斯. 金融结构和金融发展[M]. 周朔，等译. 上海：上海三联书店，1994，101-102.

② J. G. Gurley and E. S. Shaw. Financial Aspects of Economic Development [J]. The American Economic Review，1986，45(4)：515-538.

③ 张杰.中国的货币化进程、金融控制及改革困境[J].经济研究，1995(8)：23-24.

金融资源论的观点，他认为现代金融是一种战略资源，这种战略资源不但能自我配置而且能配置其他资源。① 总结前人对金融发展的认识，我们认为金融发展是金融机构与金融资产数量的增长，金融结构的优化和金融资源质量的提高，金融体系逐步完善，金融效率逐步提高的过程。

2.金融发展的测度

戈德史密斯对1860—1963年金融发展与经济增长进行考察时，以金融规模占GDP的比重作为衡量金融发展的指标，验证了金融发展与经济增长具有很强的正相关关系。麦金农则以M2占GDP的比重构建了金融发展指标，在对7个国家实证分析后发现金融发展促进了经济的增长。莱文提出了衡量金融发展的四个指标，分别为DEPTH（流动性负债/GDP）、BANK（储蓄货币银行信贷＋中央银行国内信贷）、PRIVATE（对非金融私人部门的债券/国内信贷）、PRIVY（对私人部门的总债权/GDP）。

考虑到中国金融发展的现状以及数据的可得性，我们从金融发展规模、金融发展效率和金融发展结构三方面测度中国的金融发展。体现金融规模的是金融资产，我们在测度全国层面的金融资产时用现金、金融机构存贷款、股票市值、债券余额以及保费收入之和来衡量；在测度区域和城乡金融资产规模时，鉴于我国还是以商业银行间接金融为主的金融体系，我们用金融机构存贷款之和测度。金融发展的效率即金融中介将储蓄

① 白钦先.21世纪新资源理论：关于国民财富源泉的最新研究[M].中国金融出版社，2006：33-34.

转化为投资的效率，在这里我们用金融机构存款余额与金融机构贷款余额之比去测度，该指标值越大说明金融效率越低。金融发展的结构是指直接融资和间接融资的比例，我们用债券余额、股票市值以及保费收入之和与金融总资产之比来测度。

1.2.2 收入分配概念界定

1.收入分配的概念

个人行使的消费权利的市场价值和资产存量价值变化之和被称为“收入”。收入是经济主体通过出售商品、提供劳务或者二者的结合而获取的经济收益，其来源主要有三种渠道：(1)资本性收益；(2)提供劳动而获得的收益；(3)从资本和劳动结合中取得的收益。金钱和金钱的等价物是收入的主要表现形式。个人收入指的是在一定时期（通常为一年）内每个社会成员所获得的全部货币性收入和实物性收入的总和。收入分配包含两方面的含义，分别为功能性收入分配和规模性收入分配。功能性收入分配又称为“要素收入分配”，主要是指按照各生产要素（土地、资本和劳动等）在社会生产中所起的作用、贡献的比重，将国民总收入在其中进行分配，是对国民总收入的初次分配。功能性收入分配关注的是收入分配是否体现效率原则。规模性收入分配又称为“个人收入分配”或者“家庭收入分配”，是以单独的居民个人（或者家庭）为主体对总体国民收入进行的分配，主要关注的是不同分类标准下，某一阶层的人口或者家庭的比例与其所得的收入比例间的关系是否合理，注重的是收入分配的平等性原则。金融发展的收入分配效应表现为功能性收入分配效应和规模性收入分配效应。前者即金融发展是否体现了对资源配置的效率原则，金融发展与经济增长的正向关联性是金融发展实现功能性收入分配的主要体现。后者即金融发展是否体现了对收入的平等分配，金融发展与收入分配差距的关系是金融发展实现规模性收入分配效应的主要体现。本书更多关注的是金融发展所实现的规模性收入分配效应，即金融发展对收入分配差距的影响。

2.收入分配的测度

收入分配差距的度量指标主要有绝对指标和相对指标两大类。绝对指标是指不同群体或者个人之间的收入差距的绝对数，通常以货币或实物的差额表示，即两种收入之间的直接差距，反映两种收入之间的绝对差别程度。由于绝对收入指标存在的量纲性，当度量收入的单位发生变化时，即使收入分配没有发生变化，但是以绝对指标表示的收入不平等水平也将发生变化。由于用绝对指标度量存在的缺陷，目前对收入分配差距的研究一般是用相对指标，其中的离散系数、基尼系数和泰尔指数具备与收入所有者的无关性、齐次性、转移性和强洛伦兹一致性等特征，故而成为测度收入分配差距最常用的指标。

变异系数又称“离散系数”，是衡量各观测值变动程度的一个统计量，变异系数反映的是各观测变量相对均值的离散程度。对两个或者多个数值的变异程度进行比较时，当观测值的单位和其平均数相同时，可以直接比较它们的标准差；当观测值的单位与平均数不同时，衡量其变异程度就需要用单位化的方法对标准差进行处理，变异系数的计算公式为：

$$CV=\sigma/\mu=\frac{1}{\overline{Y}}\sqrt{\sum\ (Y_i-\overline{Y})^2/N}$$

1921 年，意大利经济学家基尼提出了建立在洛伦兹曲线基础上的测度收入分配差距的指标——基尼系数。基尼系数被广泛认可并运用，成为用来测度国家或地区居民收入分配差距的国际指标。建立在洛伦兹曲线基础上的基尼系数计算公式为：

$$G=\frac{S_A}{S_A+S_B}$$

其中，洛伦兹曲线与绝对平均线所围成的面积用 S_A 表示，洛伦兹曲线与绝对不平均线所围成的面积用 S_B 表示，G 的最大取值为 1，最小取值为 0。G 取值与收入分配不平等程度同向变化：G 值越小，收入不平等程度越小；反之则越大。国际上一般认为，基尼系数低于 0.2 的时候代表收入绝对平均；基尼系数处于 0.2—0.3 时代表相对平均；基尼系数处于 0.3—0.4 时代表相对合理；基尼系数处于 0.4—0.5 时意味着收入差距比较大；基尼系数一旦达到 0.6 以上，即表示该地区收入差距悬殊。

泰尔指数也称“Theil 熵”，是泰尔（G. Theil）于 1967 年利用信息理论中的“熵”概念研究国家之间的收入差距时首先提出来的，泰尔指数可以按加法分解所表示的平等程度。它把总体差异性分解为总体各单位之间的差异性和总体各单位内部的差异性，用组间差异和组内差异分别反映它们对总体差异的贡献度。泰尔指数由于较好的可分解性质而被广泛应用于测度地区收入差距。泰尔指数的计算公式为：

$$T=\sum_{i=1}^{N}(\frac{Y_i}{Y})\text{Log}\frac{Y_i/Y}{P_i/P}$$

其中,Y_i、P_i 分别是 i 地区的收入和人口,Y、P 是全国总收入和总人口数,N 表示地区数额,Y_i/Y、P_i/P 分别是 i 地区的收入所占比重和人口所占比重。T 测度的是其收入差距。如果 $T=0$,说明收入分配是平等的;T 越大,说明收入不平等程度越高。如果将人口分成 g 组,则泰尔指数可以记为:

$$T=\sum_{g=1}^{G}P_g\times T_g+\sum_{g=1}^{G}P_g\times \text{Log}\frac{P_g}{V_g}$$

其中,V_g 是第 g 组收入在总体收入中所占份额,P_g 是第 g 组人口在总人口中所占份额,T_g 是第 g 组内各单位的泰尔指数。

1.2.3 金融发展收入分配效应界定

金融是经济的核心,金融体系作为社会配置资源的主要渠道,其宏观功能体现在对经济增长的促进作用上。金融发展通过促进资本积累和技术进步,实质性地提高了社会总供给能力,进而促进了经济增长。金融是一种资源,占有金融资源越多,金融体系较发达的地区投融资效率越高,相应的居民收入增长越快;而金融资源越少,金融体系落后的地区投融资活动受到限制,居民收入增长越慢。金融体系通过对资金、技术、劳动力等资源的配置,实现了宏观的收入分配效应。同时,金融服务的取得存在门槛,只有那些支付得起服务费用的人才能享受到金融服务,而金融体系就是通过这个门槛实现了微观层面的收入分配效应。因此,我们将金融发展的收入分配效应定义为:由于金融发展水平的差距所造成的区域之间、城乡之间的宏观收入差距,以及不同群体之间的微观收入差距。

1.3　研究方法与研究思路

1.3.1　研究方法

1.理论分析与经验分析相结合

一方面,我们将借鉴金融发展理论,从金融发展与经济增长相关研究出发,提炼金融发展对收入分配的影响因素,建立金融发展实现收入分配效应的模型,分析金融发展实现收入分配效应的渠道和机制。另一方面,我们将结合中国金融发展历史和现状以及中国收入分配差距的现实,考察中国金融发展对收入分配差距的影响。

2.定性分析与定量分析相结合

定性分析中国金融发展的历史逻辑及其特征,同时结合中国收入分配的现状,从区域层面、城乡层面和农村层面分别考察金融发展对收入分配差距的影响;根据中国金融发展及其收入分配的实际特征,建立度量中国金融发展与收入分配差距的指标;利用翔实的数据,对中国金融发展的收入分配效应进行定量分析。

3.规范分析与实证分析相结合

规范化分析中国金融发展对收入分配影响的因素、渠道、机制，以期理解和认识中国金融发展的收入分配效应，在此基础上提出缩小收入分配差距，实现经济社会和谐、科学、可持续发展的有关金融体系建设和深化改革的建议。同时，利用有关数据资料，对金融发展的收入分配效应在地区层面、城乡层面和农村层面的实现进行实证分析。

1.3.2 研究思路

在对金融发展理论和收入分配理论进行综述的基础上，研究分析金融发展影响收入分配的渠道和机制，将金融发展实现收入分配效应的机制概括为增长机制、门槛机制、非均衡机制和技术进步机制，从总体、城乡、区域三维角度实证分析金融发展的收入分配效应。考虑到中国农村金融的特殊性，本书最后一部分将从农村内部收入差距和城乡之间收入差距角度研究分析中国农村金融发展的收入分配效应。

1.4 创新与不足

1.4.1 创新之处

当前，金融发展与经济增长关系的研究已取得了丰富的成果，但是金融发展对收入分配的影响研究却较少。本书将金融发展对经济影响的研究范围拓展到收入分配层面，考察金融发展的收入分配效应，并将金融发展实现收入分配效应的机制概括为增长机制、门槛机制、非均衡机制和技术进步机制，丰富了金融发展理论。

鉴于中国城乡二元性特征以及农村金融的特殊性，本书分析研究了农村金融发展的收入分配效应，将其分为农村内部的收入分配效应和城乡之间的收入分配效应，把农村人均纯收入分组的变异系数作为衡量农村内部收入分配差距的指标，利用省际面板数据实证分析了农村金融发展对农村内部收入分配差距的影响。

1.4.2　不足之处

金融发展的收入分配效应是一个比金融发展的经济增长效应更微观的概念，考察这种效应应该利用微观和宏观相结合的方法，但是受制于研究条件及数据的可得性，本书只是从宏观角度研究了金融发展的收入分配效应，缺乏微观的实证分析和相应的证据。

本书虽然将农村金融发展的收入分配效应作为单独的一部分进行了分析，但利用农村人均纯收入的变异系数对农村内部收入分配差距进行衡量略显粗糙。中国广大农村地区非正规金融具有相当大的规模，一些地区的非正规金融对农民收入增长的重要性甚至超过了正规金融，但是由于非正规金融数据难以获得，本书只是实证检验了农村正规金融发展的收入分配效应。

第2章 金融发展与收入分配研究文献综述

对金融发展与收入分配关系的研究分为三类观点:第一类观点是金融发展对收入分配的影响呈现倒“U”形效应,第二类观点是金融发展对收入分配的影响呈现正效应,第三类观点是金融发展对收入分配的影响呈现负效应。实证研究主要是针对以上三类观点的数据检验。

2.1 金融发展的收入分配效应理论研究综述

2.1.1 金融发展对收入分配的倒“U”形效应

格林伍德与约万诺维奇在《金融发展、增长与收入分配》一文中,在库兹涅茨提出的经济增长与收入分配倒“U”理论之基础上,利用一个动态模型阐述了经济增长、金融发展和收入分配三者之间的关系,即 Greenwood-Jovanovic 模型(简称为 G-J 模型)。该模型的假设前提是有两种投资方式可供个人选择,但个人在一期只能选择其中的一种方式进行投资:一种选择是投资于收益率较低的无风险资产;另外一种选择是投资于高风险、高收益的风险性项目,例如开办公司企业,企业投资期望收益较高但具有风险,整个经济的收益率和单个项目的盈利性这两个随机因素决定了其回报率。每个投资者仅仅掌握一部分关于投资项目的信息,因此对其而言只有综合投资收益率是可观察到的,但他们对整个经济的平均收益率和具体项目的盈利状况缺乏了解。金融中介手中掌握较为充分的关于项目投资的信息,这些充分的信息可以为金融中介机构分析项目收益和风险提供便利,金融中介机构也因此能获取较高的收益,同时那些与金融中介合作的存款人也可以获取较高的存款回报。但是,在取得金融中介服务时是要付出一定成本的,第一次享受金融中介机构服务时需要支付的是部分固定成本,以后每期取得金融服务也要额外再支付一定比例的可变成本。这样就使取得金融服务存在一种所谓的“财富门槛”,在经济发展的早期与之相伴的是较低的金融发展水平。金融市场发展比较落后的话,既缺乏规模也缺乏竞争力,但运营成本较高,穷人因不能负担相对高额的费用而不能享受金融服务,这样的群体被排斥在金融市场之外;只有收入较高的一小部分人愿意支付相对高额的成本,享受金融服务,这部分人的收入也因此而提高。穷人和富人由于财富的不同导致投资收益率也不同,因此扩大了收入分配差距;但穷人可以通过保持更高的储蓄率以在未来跨越这个“财富门槛”。在经济发展到成熟阶段时,金融中介机构数量增长、规模变大、经营效率提升,伴随着金融中介经营规模的扩大，其平均成本在下降，穷人可通过逐渐积累的财富越过“财富门槛”而获得充分的金融中介服务。此时，无论穷人还是富人都能获得较高的投资回报率，收入分配差距格局会逐渐改变，收入不平等性会缓解，即随着金融发展，收入分配差距经历了一个先扩大后缩小的过程，呈现倒“U”形曲线状态。格林伍德和约万诺维奇对金融发展与收入分配关系的研究作出了开创性的贡献。

G-J 模型提出后，围绕着金融发展与收入分配的倒“U”形曲线，经济学家们展开了热烈的讨论，分别从不同方面发展和丰富了 G-J 模型的理论内涵。其中，墨菲（K. M. Murphy）、施莱弗（A. Shleifer）和维什尼（A. Vishny）在考察收入不平等时采用了从经济增长的市场规模和产业升级角度入手的方法，对金融发展与收入分配不平等性之间的作用机制进行了分析。他们的观点是：伴随着传统农业部门的萎缩，劳动力将会转移到生产效率较高的现代产业部门，在这个过程中收入分配的不平等性将会逐渐增大，并且这一过程只有持续到工业化阶段的完成才会结束。[①] 阿吉翁（P. Aghion）和博尔顿（P. Bolton）考察了不完善资本市场下的经济增长与收入分配的关系。研究发现，初始的资本积累扩大了收入差距，但在后阶段扩大的资本积累降低了收入差距，资本积累和收入差距在长期呈现库兹涅茨曲线效应。阿吉翁和博尔顿创造性地指出，在利率机制

---

① Kevin M. Murphy, Andrei Shleifer and Robert Vishny. Income Distribution, Market Size and Industrialization[J]. The Quarterly Journal of Economics, 1989, 104(3):537-564.

下,长期内富人的财富积累有利于穷人收入的增长,原因是富人财富的上升导致市场资金充裕,借贷利率会下降,这将有利于穷人参与金融市场。他们把这种效应称为"资本积累的涓流效应"(trickle-down effect)。① 陶森(R. M. Townsend)和上田(K. Ueda)在 G-J 模型的基础上进行了简化和改进,以一个统一的动态模型研究了金融深化对收入分配的影响,尤其是关注了 G-J 模型所忽视的金融发展的动态演化路径。他们指出,收入分配曲线的增长路径并不是一定单调的,收入差距有可能会先扩大—再缩小—再次扩大,然后逐渐趋向平稳状态。②

2.1.2　金融发展对收入分配的正效应

与格林伍德和约万诺维奇相反,加勒和泽里亚以及同一时期的班纳吉(A. V. Banerjee)和纽曼(A. F. Newman)相继提出了倒"U"形关系的实现条件。他们认为,高收入人群和低收入人群之间的长期收敛并不会一定存在,原因在于实际经济中的资本市场不完善以及人力资本和物质资本投资的不可分性,降低收入分配差距的途径之一就是促进金融体系完善,提高金融发展水平,促进低收入群体投资效率的提高,据此得出金融发展与收入不平等之间呈现的是一种负相关关系,称之为"线性假说"。加勒和泽里亚构建一个两部门跨期模型,分析收入分

① Philippe Aghion and Patrick Bolton. A Theory of Trickle-down Growth and Development[J] . The Review of Economic Studies, 1997, 64(2): 151-172.

② Robert M. Townsend and Kenichi Ueda. Financial Deepening, Inequality and Growth: A Model-based Quantitative Evaluation[R]. IMF Working Paper, August 23, 2005.

配在宏观经济中的作用。他们将一个人的生命分为两个不同时期。每个个体可以选择以非熟练劳动身份在两期工作,也可以选择先进行不可分的人力资本投资,而后再以熟练劳动工的身份工作。非熟练工人主要进入技术水平相当落后的传统部门工作,传统部门工作效率低,工资水平低。在现代部门工作的是熟练劳动者,该部门一般具有较为先进的生产技术,工作效率高,工资水平高。另外,每个个体即使愿意进行人力资本投资,但也存在一个"财富门槛";起初财富水平较低的人越不过这个"门槛",而初始财富水平较高的人则能越过这个"门槛"进行人力资本投资。同时,金融发展初期存在金融结构不完善、金融中介成本比较高等状况,收入水平低的群体因无法承担这个成本而不能获得金融服务,那些收入水平较高者由于可以承担这个高成本而能便利地得到金融服务。发展水平较低的金融体系阻碍了收入差距的改善。金融市场越不完善,这种收入差距将会继续拉大。但随着金融尤其是信贷市场的不断完善,一部分低收入群体也能够获得一部分贷款,从而能够进行人力资本投资,通过改善自己的职业获得更高的收入,高、低收入群体之间的收入差距将呈现收敛的趋势。因此,金融发展与收入不平等性之间并不是倒"U"形的关系,而是一种负的线性关系。①

马丁(I. Matin)、赫姆(D. Hulme)和卢瑟福(S. Rutherford)认为,金融服务不应该只面向高收入群体,收入低的穷人也需要金

---

① Oded Galor and Joseph Zeria. Income Distribution and Macroeconomics[J]. Review of Economic Studies,1993,60:35-52.

融服务，金融中介的存在可以帮助收入低的穷人改善生活。金融发展尤其是金融创新能降低甚至消除不完全金融市场带来的低收入群体的信贷约束，金融服务可以在平滑消费和人力资本积累方面对他们有较大的益处，而设计良好的金融产品在减少贫困中起到了杠杆作用。但金融服务多数情况下还是存在供小于求的状况，因此应该更加注重向低收入群体提供更多的金融服务产品，通过这样的方式可以减少贫困，降低收入分配的不平等性。[①] 此观点得到了部分经济学家的认同。他们指出，通过金融体系的逐渐完善能创造更多就业机会，进而不断提高生活水平，达到减少甚至消除贫困的目的。巴尔(M. S. Barr)认为“微型金融”为穷人提供了小的信贷、储蓄、保险等金融服务，这些都有利于减少贫困，“微型金融”在金融发展中起着重要的降低贫困的作用。[②]

班纳吉和纽曼分析了职业选择与财富分配的关系，他们建立了一个三部门模型，其中有两项不可分技术需要投资，由于资本市场不完善，只有富人才能借到足够的资金投资于这些不可分的、收益较高的技术。运用先进的生产技术需要一定量的财富投入，财富投入存在三种可供选择的途径：第一种是投资于无风险资产，第二种是从事那些有风险的生产，第三种是开办具有高风险性和高收益性的公司；从而有三种可能的职业状

① Imran Matin, David Hulme and Stuart Rutherford. Finance for the Poor: From Microcredit to Microfinancial Services[J]. Journal of International Development, 2002, 14: 273-294.

② Michael S. Barr. Microfinance and Financial Development [J]. Michigan Journal of International Law, 2005, 26: 271-296.

态相对应:一是被他人雇佣,二是自我雇佣,三是自己成为企业家。由于信贷市场还存在很多不完善的地方,因而借贷规模是比较小的,只有富人才能依靠自身良好的信用和资产作保证从信贷市场中融到资金,进而雇佣工人开办企业,经济发展中家庭生产占主体还是工业生产占主体取决于国家的初始财富分配。具有普遍意义的是,收入分配的差距会因信贷市场的不完善而拉大。与加勒和泽里亚类似,班纳吉和纽曼认为资本市场不完善程度越高的国家,收入不平等就越严重,金融发展和收入不平等间呈现负相关关系。

2.1.3 金融发展对收入分配的负效应

持金融发展对收入分配具有负效应这一观点的学者并不多见,其中具有代表性的是毛雷尔和哈伯。他们认为,在金融深化和金融自由化的推行过程中,低收入群体的融资渠道并没有得到有效扩展,低收入群体融资难的窘况并没有得到实质性改善;相反,富人和具有政治背景的企业却可得到更多金融服务尤其是信贷服务,金融发展更多的是拓宽了他们得到信贷支持的渠道,其结果是低收入者的相对收入反而下降了,高收入群体和低收入群体之间的收入差距不但没有因金融发展而降低,反而进一步拉大。① 有专家在以金融危机的视角研究金融发展和收入差距的关系时,通过分析全球发生的几次典型的金

① Stephen Haber, Armando Razo and Nobel Maurer. The Politics of Propety Rights: Political Instability, Credible Commitments, and Economic Growth in Mexico, 1876-1929[M]. New York: Cambridge University Press, 2003:101-102.

融危机对收入不平等的影响,指出金融危机存在增加社会收入分配不平等的倾向。自由的劳动力市场相比有管制的劳动力市场,这种不平等性增加得更多;有管制的非自由的劳动力市场反而不存在明显变化。他们尤其提到,金融危机发生后,有限制的亚洲劳动力市场受到的冲击要比自由开放的拉丁美洲劳动力市场受到的冲击要小。① 有专家分析了金融危机和金融自由化影响贫困的具体机制,指出金融危机在影响穷人的生活标准的同时也影响了穷人的脱贫能力。在金融危机的背景下,金融自由化使得更多的资金投到非正规部门和用于增加穷人的信贷,然而穷人由于缺乏技能和管理资金的能力,从中获取的收益是很少的,从而导致全社会资源配置的低效率,最终造成穷人收入的减少。② 亦有专家对韩国的情况进行了分析研究,指出韩国住房购买体系存在较大问题,多数普通的韩国家庭在选择投资时仅能将财富的大部分投资于实物资产,一般较少选择金融资产,这样的结果是投资于金融资产的多数来自较为富裕的家庭,而金融资产的高收益也都流入了这些家庭,普通家庭并不能得到金融资产的高收益。这种投资选择的不同也一定程度上导致了韩国社会内部各阶层收入分配差距的拉大。③

---

① A. V. Banerjee, A. F. Newman. Occupational Choice and the Process of Development[J]. The Journal of Political Economy, 1999, 101: 274-298.

② Dan Ben-David. Convergence Clubs and Subsistence Economics [J]. Journal of Development Economics,1998,55:155-171.

③ Lee Jang Yoon. Financial Assets and Real Estates Investments in South Korean [J]. Reviews of Economics,2002(4):36-37.

2.2 金融发展的收入分配效应实证研究综述

2.2.1 国外实证研究综述

在上述理论研究的基础上，众多学者利用计量模型从实证方面研究检验了金融发展对收入分配的影响。李长（Lee Jang）、默罕默德（Z. Mohamed）通过建立一个简单的回归模型，从政治经济情况和资本市场不完善两个方面解释了跨期和跨国收入差距的存在，模型中用基尼系数和穷人或者富人的收入作为度量收入分配差距的变量，用 M2/GDP 作为金融发展的指标。两位学者对 49 个国家的收入分配状况进行了回归模型的分析，结果显示无论各国财富分布差距如何，金融发展造就了高增长，同时金融发展对基尼系数的影响为负，对低收入人口的平均收入具有正效应，即金融发展有利于减少收入分配的不平等。这一研究较早提供了金融深化与收入不平等之间存在相关关系的经验证据。①

部分专家在建立 CXZ 模型时，运用了全球 91 个国家 1960—1995 年的数据，进而对金融发展和收入差距之间的关系进行了实证研究。模型的基本内容为：$\ln(Ginicoef_{it})=\alpha_0+f(Finance_{it})+\alpha_2 CV_{it}+\varepsilon_{it}$ 。其中，$\ln(Ginicoef_{it})$ 是基尼

① Lee Jang, Z. Mohamed. Financial Assets and Wealth of South Korean Families [J]. Consumer Interests Annual, 2000,46:58-60.

系数的对数；CV_{it} 为控制变量，包括人均实际 GDP 的线性项与平方项、政府消费、通货膨胀率、制度变量如人权保护和种族分化等因素；$Finance_{it}$ 为衡量金融发展的变量，这里用私人信贷占 GDP 的比重来具体衡量。$Modern_{it}$ 为现代部门（工业和服务业）增加值/GDP 的值。[①] $f(Finance_{it})$ 取值受理论模型所阐述的收入分配与金融中介发展之间关系的影响。假设有：$f(Finance_{it})=\alpha_{11}Finance_{it}+\alpha_{12}Finance_{it}^2+\alpha_{13}Finance_{it}\times Modern_{it}$，实证检验的结果证实了金融发展与收入分配差距之间存在较为明显的负相关，即随着金融发展水平的提高，一国收入分配差距将会显著缩小。这样的结果表明，即便是金融发展水平处于低层次，金融发展和收入不平等之间也是负相关关系，而并非倒“U”形的关系。这一实证结果否定了 G-J 模型中关于金融发展与收入分配差距呈现倒“U”形的关系，支持了加勒和泽里亚的理论。

贝克（T. Beck）、德米尔格-库特（A. Demirguc-Kunt）和莱文利用 52 个发展中国家和发达国家 1960—1990 年的平均值，估计了金融中介发展、收入分配和贫困减缓间的关系。他们首先给出了一个分析贫困—增长—不平等三角形的框架，考虑最低收入阶层的收入 y_p，可以写成人均 GDP（y）和人口与收入相关联的洛伦兹曲线 L 的函数：$y_p=y\times L(0.2)/0.2$。差分得 $y_{p,t}-y_{p,t-1}=(y_t-y_{t-1})+[L(0.2)-L(0.2)_{t-1}]$。等号右边

① George Clarke, Lixin Xu and Heng-fu Zou. Finance and Income Inequality: Test of Alternatives Theories [R]. World Bank Policy Research Working Paper, No.2984, 2003.

前半部分小括号中的项目是总体经济的增长，后半部分方括号中的项目是最穷的 1/5 人口的收入变化。① 金融发展和收入不平等之间的关系也和减少绝对贫困相关联，联系平均增长和贫困减缓的收入分配变化的恒等式为：$P_t - P_{t-1} = Fn[(y_t - y_{t-1}), (L_t - L_{t-1})]$，其中 P 是贫困发生率指标。紧接着他们构造了 4 个回归模型来分析金融发展与收入分配以及贫困减缓间关系的各种假说，所设计的 4 个回归模型为：

$$(y_{i,p,t} - y_{i,p,t-n})/n = \alpha y_{i,p,t-n} + \beta FD_i + \gamma X_i + \varepsilon_i$$

$$(y_{i,p,t} - y_{i,p,t-n})/n = \alpha y_{i,p,t-n} + \beta FD_i + \gamma X_i + \lambda y_{i,p,t-n} + \varepsilon_i$$

$$(G_{i,t} - G_{i,t-n})/n = \alpha(y_{i,t} - y_{i,t-n})/n + \beta FD_i + \gamma X_i + \lambda G_{i,t-n} + \varepsilon_i$$

$$(P_{i,t} - P_{i,t-n})/n = \alpha(y_{i,t} - y_{i,t-n})/n + \beta FD_i + \gamma X_i + \lambda P_{i,t-n} + \varepsilon_i$$

其中 $y_{i,p,t}$ 为第 i 个国家第 t 年最穷的 1/5 人口人均收入的对数值；$y_{i,t}$ 为总体人均 GDP 的对数值；FD_i 为第 i 个国家私人信贷数量；$G_{i,t}$ 为第 i 个国家第 t 年基尼系数的对数值；$P_{i,t}$ 为第 i 个国家第 t 年贫富差距的对数；X_i 为控制性变量，包括人力资本投资、通货膨胀率与对外贸易等变量。使用工具变量分析法的实证结果表明，金融发展提高了穷人的收入，降低了贫困水平，因此收入分配不平等的状况得到了改善。同时他们的研究指出，金融发展存在两个效应：第一个是收入分配效应。金融是惠及穷人的，私人信贷对穷人的收入增长有正的效应。即使在控制了总收入增长后，金融中介发展带来最穷的

① Thorsten Beck, Asli Demirguc-Kunt and Ross Levine. Finance, Inequality, and Poverty: Cross-country Evidence [R].NBER Working Paper, 2004.

1/5 人口收入的增长也要快于总人口收入的增长，因此金融发展具有收入分配效应，其衍生的就是对贫困减缓具有积极作用。第二个效应是社会效应。对金融中介发展和社会进步指数进行回归分析表明，金融深化是和婴儿死亡率下降相关联的，金融中介发展和儿童入学率增长间有强的正相关关系。另外，帕特里克·霍诺汉（Patrick Honohan）提供的经验证据也证明，即使在考虑了平均收入和不平等的情况下，金融深度和贫困指数也是负相关，金融发展对降低贫困水平是具有积极作用的。以上模型在实证研究方面非常具有代表性。另外，还有众多学者针对金融发展对收入分配的影响进行了实证研究。[①]其中，维特（H.C.Wette）利用 42 个发展中国家的面板数据进行分析，表明在发展中国家、新兴市场经济和转型经济中，降低甚至消除金融抑制从而进一步扩展金融确实能够促进经济增长，从而能有效消除贫困，但是实证结果表明金融发展在缩小贫富差距方面的作用并不显著。[②] 同一时期的格罗斯（K. Gross）研究发现，随着金融体系的逐渐完善，通过创造更多工作机会和促进生活水平的提高能够达到减少贫困的目的。班纳吉和纽曼对比分析了发展中国家和发达国家的实际情况，研究发现收入分配、金融发展和经济波动之间呈现出倒“U”形的变化特

① Philippe Aghion and Patrick Bolton. A Theory of Trickle-down Growth and Development[J] .The Review of Economic Studies，1997，64(2)：151-172.

② H.C. Wette. Collateral in Credit Rationing in Markets with Imperfect Information：Note [J]. The American Economic Review，2001，73：442-445.

征。① 哈伯等人利用有关数据实证检验了某些新兴经济体的金融发展与贫困程度的关系。其结果也表明金融发展与收入不平等之间存在显著的正向关系。② 富兰克林(A. Franklin)等人运用70个发展中国家的数据进行的实证检验表明,即使去掉平均收入中最高收入组的收入和占比,金融深化与总体贫困率还是显著负相关,他们指出,单纯以金融深化作为指标衡量金融发展是远远不够的,建议未来使用更全面的指标,如包含金融发展的结构特征、法律环境和信息环境等进行衡量。③ 贝克(G. S. Becker)和托姆斯(N. Tomes)采用向量分解的固定效应方法(FEVD),对54个发展中国家1993—2004年的面板数据进行了检验,实证结果表明,金融发展对缓解贫困是有正向作用的,但是金融发展所存在的不稳定因素对穷人是不利的;主张改革金融部门,使其减少对穷人的信贷限制,同时多关注金融不稳定对穷人的不利影响。④

2.2.2 国内实证研究综述

国内学者针对金融发展对收入分配的影响进行了大量实

---

① A.V. Banerjee, A. F. Newman. Occupational Choice and the Process of Development[J].The Journal of Political Economy,1993,101:274-298.

② Stephen Haber, Nobel Maurer. Related Lending and Economics Performance:Evidence from Mexico[J].The Journal of Economic History,2004,67:15-81.

③ Allen Franklin,Jun Qian and Meijun Qian. Law, Finance, and Economic Growth in China[J]. Journal of Financial Economics,2005,77:57-116.

④ G. S. Becker,N. Tomes. Human Capital and the Rise and Fall of Families[J]. Journal of Labor Economics,2009(1):1-39.

证分析，形成了丰富的实证研究结果。这些实证研究根据其关注的收入分配差距的对象不同，可以分为三类：(1)金融发展与城乡收入不平等之间的关系；(2)金融发展与地区收入不平等之间的关系；(3)金融发展对农村内部收入分配差距的影响。国内学者基于国外理论研究运用各种计量模型，探讨了中国金融发展对收入差距的影响，重点检验了库兹涅茨倒"U"形理论以及加勒和泽里亚的金融发展对收入分配的线性关系，但是并没有形成非常一致的意见。

魏上进和王涛基于 1989—1991 年中国 370 个城市的数据，研究了国有金融部门与国有企业之间的相关关系，结果表明国有金融系统在金融资源配置上存在信贷歧视，更倾向把信贷资金配置给国有企业。他们进一步指出，即使考虑了城市规模、资本密集度和初始贷款产出比这些因素，在国有企业产值占比更大的城市，信贷增长速度往往也比较快。① 章奇、刘明兴等基于一个两地区、三部门的简单模型，使用 1978—1998 年省际数据分析了中国城乡收入差距的变化格局；在衡量各省金融中介发展水平时，他们选择用国有及国有控股银行信贷额占 GDP 比例来表示。研究结论是，中国金融发展显著拉大了城乡收入差距。② 如果分期考察会发现，金融发展对城乡收入差距的作用可以分为两个不同时期：第一个时期是改革开放前十

① Shang-Jin Wei and Tao Wang. The Siamese Twins: Do State-owned Banks Favor State-owned Enterprise in China? [J]. China Economic Review, 1997, 8(1): 19-29.

② 章奇，刘明兴，陶然. 中国的金融中介增长与城乡收入差距[J]. 中国金融学，2003(11)：71-99.

年，即 1978—1988 年，此阶段金融发展对城乡收入差距的拉大作用并不明显。第二个时期即 1989—1998 年，此阶段金融发展对城乡收入差距的负作用较为明显，金融机构在向农村和农业配置资金时缺乏效率。经济结构特征并不能解释“金融中介发展对城乡收入差距的负面作用”这一问题，金融发展与城乡收入差距的库兹涅茨假说并不成立。但他们并没有进一步去探讨金融发展对城乡收入差距的库兹涅茨效应不成立的原因，而是在此模型基础上进一步考察了金融发展对城乡收入分配的影响。向维国在研究分析微观主体的消费投资决策时建立了一个跨期消费替代决策模型，模型考虑了有无借贷市场和金融市场上投资收益率的差异的特点，研究经济体内收入在时间跨度上的分布，利用跨期模型归纳出收入不平等程度的动态演化路径和方向，并且指出如果借贷市场不存在和金融市场不完善，收入不平等程度将会向绝对不平等收敛，但当模型中加入完善的金融市场时，收入不平等程度会向完全均等收敛。①

姚耀军对中国 1978—2002 年金融发展与城乡收入差距的关系进行了实证研究，研究中使用了计量经济学中的 VAR 模型和协整分析理论以及格兰杰(Granger)因果检验的方法。研究结果表明，中国的金融发展与城乡收入差距之间存在着一种长期均衡关系，金融发展规模和城乡收入差距之间存在较为明显的正相关关系。进一步研究发现，这种正相关是双向的格兰杰因果关系。另外，金融发展效率与城乡收入差距负相关，并

---

① 向维国. 金融发展对收入分配的影响：基于中国 29 个省区面板数据检验[J]. 上海经济研究，2005(11)：3-13.

且这两者之间也具有双向的格兰杰因果关系。缩小城乡收入差距以解决金融发展非均衡问题也应该是考虑在内的一项重要内容。[①] 但文章更多的是考虑中国的整体情况，并没有考虑到中国金融发展的地区和省区之间的差异。

陆铭、陈钊将金融发展和城市化水平以及经济政策结合起来考察，对它们如何影响城乡收入差距进行了较为详细的实证分析，研究结果表明中国金融发展水平对城乡收入差距的变化影响并不显著。[②] 张军和金煜利用 1987—2001 年各省面板数据考察了中国实行分税制度改革前后地区财政支出、银行信贷对地区经济效率的影响，重点分析了地方政府的支出行为与银行信贷配置不均衡对各地区经济效率的影响。结果发现，发达地区在分税制实施以后金融深化程度进一步增强了，而金融发展水平原本就落后的地区，随着金融发展水平的提高，地方政府对银行信贷资金的配置干预程度却升级了，其结果是这些地区的金融发展反而恶化了资源配置效率，阻碍了本地区经济增长。[③]

杨俊、李晓羽和张宗益以 1978—2003 年数据为样本，对我国金融发展与全国、城镇、农村以及城乡居民收入分配的关系进行了实证分析。研究表明，金融发展与整体收入分配差距、城乡收入分配差距及农村居民收入分配差距三者之间都存在

---

① 姚耀军.金融发展与城乡收入差距的经验分析[J].财经研究，2005(2)：49-59.

② 陆铭，陈钊.城市化、城市倾向的经济政策与城乡收入差距[J].经济研究，2004(4)：50-56.

③ 张军，金煜.中国的金融深化和生产率关系的再检测：1978-2001[J].经济研究，2005(11)：34-35.

着单方向的格兰杰因果关系，但金融发展与城镇居民收入分配差距之间的因果关系并不显著。中国金融发展处于初期阶段，金融发展水平的提高显著扩大了中国的收入不平等性。①

尹希果研究指出，中国金融结构存在高度的垄断性，政府对金融系统具有很强的管制和干预。各区域虽实行统一的货币政策，但中国明显存在较为严重的城乡二元金融结构，各区域之间金融发展水平不平衡，对区域间的资本配置效率和资本形成能力的负面作用，引起了我国区域之间的收入分配差距。② 但他主要考虑金融发展的非均衡对地区经济差异的影响，未就金融发展的非均衡对城乡收入差距进行更深入的研究。陈志刚、王皖君利用中国 1986—2005 年的时间序列数据，从规模扩张、效率提升和结构完善三个方面，采用格兰杰因果检验、协整回归对金融发展与中国收入分配的关系进行了实证检验。研究表明：1986—2005 年金融规模的扩张、经济增长扩大了全国居民收入基尼系数和城乡收入比率，而金融效率的提高、教育水平的提升则缩小了城乡收入差距。③

以上实证研究基本是从全国层面考察了金融发展对收入分配的影响，并且重点关注的是金融发展对城乡收入差距的影响，但研究并没有得出一致的结论。由于中国各地区发展水平

① 杨俊，李晓羽，张宗益.中国金融发展水平和居民收入分配的实证分析[J].经济科学，2006(2)：23-33.

② 尹希果.中国金融发展与收入差距存在倒 U 型关系吗？[J].山西财经大学学报，2007(2)：24-26.

③ 陈志刚，王皖君.金融发展与中国的收入分配：1986-2005[J].财贸经济，2009(5)：36-41.

差距较大，因此从整体层面去考察金融发展对收入分配的影响可能存在较大误差。基于此，学者们开始寻求从地区层面和省际层面考察金融发展对收入分配的影响。

刘敏楼从金融发展的角度，利用中国地区的截面数据分析了金融发展与收入分配的关系。研究表明：金融发展对以城乡居民收入比为代表的中国收入分配的影响呈现倒“U”形，但金融产业增加值和金融贡献指标与收入分配之间的关系是不确定的。[①] 楼裕胜分析中国自改革开放以来金融发展对城镇居民收入分配差距的影响，重点考察了金融规模和金融效率的差异对城乡居民收入分配差距的影响作用。其结论为：金融发展的规模差异和效率差异是城乡居民收入分配差距的格兰杰原因，所实施的偏向城市型的金融发展战略带来的城乡金融发展规模和效率的差异是拉大城乡居民收入差距的显著原因。[②] 李敬、冉光和和孙晓铎对 1978—2004 年中国区域金融发展差异，运用泰尔指数和对数离差值进行了度量，研究表明金融发展的城乡差异在区域金融发展差异中占首要部分，其次是东部地区内部的金融发展差异，然后是省际金融发展差异；中部地区和西部地区金融发展差异大致相当，而东、中、西部区域间金融发展差异是最小的。[③] 孟亚强、赵石磊通过分析金融发展不平衡对收入不平等的传导机制，采用泰尔(Theil)指数分解原

① 刘敏楼.金融发展的收入分配效应[J].上海金融，2006(1)：8-11.

② 楼裕胜.金融发展差异与城乡居民收入差距关系研究[J].华中科技大学学报(社会科学版)，2008(2)：42-47.

③ 李敬，冉光和，孙晓铎.中国区域金融发展差异的度量与变动趋势分析[J].当代财经，2008(3)：34-40.

理将中国1978—2006年的总收入差距分解为城乡、城城和村村之间的收入差距，以考察我国的收入不平等的程度，并在选用金融发展规模、效率、结构三个指标和控制变量的基础上考察了我国金融发展对城乡收入差距的影响。研究表明：金融发展规模和金融发展效率是城乡收入和城城收入差距的单向格兰杰原因，而与村村收入差距却互不为格兰杰因果关系；金融发展结构和城乡、城城以及村村收入差距三个指标互不为格兰杰因果关系；金融发展规模和收入差距呈显著正相关关系，而金融发展效率和结构与其呈负相关关系；外国直接投资会显著拉大收入差距。①

胡金焱、卢立香对中国金融发展水平与城乡收入分配差距之间的因果关系进行实证分析后发现，金融发展水平与城乡收入差距之间的长期因果关系并不显著；他们还进一步从金融发展规模和金融发展效率出发分别考察了金融发展水平与城乡收入分配差距之间的关系，以金融发展规模衡量的金融发展水平与城乡收入差距之间短期存在较为显著的双向格兰杰因果关系，而以金融发展效率衡量的金融发展水平与城乡收入差距之间短期格兰杰因果关系并不显著。② 王建新、黄鹏利用29个省区1999—2007年的面板数据对金融发展与收入不平等关系进行了实证分析，分析表明金融发展对资源配置的效率优化

① 孟亚强，赵石磊.城乡分割、收入不平等与金融发展[J].产业经济研究，2008(5)：23-31.

② 胡金焱，卢立香.地区金融发展与城乡收入差距的内应：1986-2007 [J].改革，2009(2)：81-87.

具有显著的促进作用，这样将有助于缩小城镇居民之间收入分配的不平等程度，两者之间存在线性关系，库兹涅茨假说的倒“U”形关系并不存在。① 乔海曙、陈力充分考虑到了中国城乡二元经济结构特征，借鉴金融集聚理论的研究方法分析了金融发展影响城乡收入差距的内在机理，并且运用 Kendall 非参数相关检验和分位数的思想和方法对两者的关系进行了实证检验，将中国县域金融按照金融深度分位数划分为三类地区：小于 20%的地区，20%—70%的地区，大于 70%的地区；与此相对应，三类地区分别呈现出了城乡收入差距显著扩大、两者相关性不显著和城乡收入差距显著缩小的规律，这进一步论证了金融发展与收入不平等之间存在的倒“U”形的非线性关系。文章针对金融发展深度不同的东部、中部、西部地区提出了不同的金融支持策略，以推进二元经济结构转换和缩小城乡收入差距。②

师文明借用戴克尔和克莱泽的模型框架并考虑金融抑制的影响，构建了一个包含企业、银行和家庭的内生增长模型。研究表明：金融发展水平的提高会促进长期经济增长率；收入不平等对经济增长的影响存在一个金融发展门槛，在金融发展水平较低时，收入分配不平等会降低经济增长率，而当金融发展水平提高时，收入分配不平等不会对经济增长产生负面影

① 王建新，黄鹏.金融发展对收入分配的影响：基于中国 29 个省区面板数据检验[J].上海经济研究，2009(11)：3-13.

② 乔海曙，陈力.金融发展与城乡收入差距倒“U”型关系的再检验——基于中国县域截面数据的实证分析[J].中国农村经济，2009(7)：68-85.

响;金融发展改变收入分配和经济增长关系的门槛值与企业生产率有关,企业的生产率越高,金融发展的门槛值就越低;存在金融抑制的情况下,金融发展改变收入分配和经济增长关系的门槛值与金融抑制程度有关,金融抑制程度越低,金融发展的门槛值就越低。① 苏基溶、廖进中运用面板数据的系统广义矩估计法,分析中国金融发展与收入分配以及贫困的关系,表明中国的金融发展水平的提高有助于增加贫困家庭居民收入,金融发展对降低贫困具有积极作用,并且测算了金融发展收入效应和增长效应对贫困家庭收入增长的贡献比率,其中金融发展的收入效应占31%,而金融增长效应占69%。该研究并没有显著证据证明金融发展与收入分配存在倒“U”形关系,并且发现非农产业占比较高的省份存在金融发展水平提高反而会增加其收入分配不平等性的情况。②

王书华、孔祥毅对我国改革以来经济运行中居民收入分配状况与经济增长关系进行分析后指出,我国金融资源的分布存在不均衡性,经济发达区域占有较多的金融资源,而经济落后区域的金融资源则相对较少。分析显示,我国居民的收入分配结构与金融资源分布结构密切相关,金融资源较多的发达地区,其居民收入的基尼系数较低,金融发展对其居民收入分配不平等性的影响力较弱,而金融资源分布较少的经济欠发达地

---

① 师文明.金融发展、经济增长和收入不平等:一个内生增长模型[J].中南财经政法大学学报,2009(1):4-15.

② 苏基溶,廖进中.中国金融发展与收入分配、贫困关系的经验分析——基于动态面板数据的研究[J].金融论坛,2009(12):10-16.

区的基尼系数较高，金融发展水平的提高反而扩大了居民收入分配的不平等。据此提出，缩小居民收入分配的差距需要从调节金融资源分布和二元经济结构等方面入手。[①] 胡宗义运用非参数检验方法，利用 2007 年中国县域截面数据，对金融发展的不均衡性和城乡收入差距的库兹涅茨效应进行研究后指出：中国金融系统在资源分配上表现出明显的城市化倾向，农村金融发展滞后，资源配置效率低下，城乡二元金融结构特征较为显著；农村储蓄资金被金融机构以“吸水泵”方式抽吸到城市，是造成中国城乡收入差距不断扩大的非常重要的原因。在县域金融发展的初期阶段，金融深度与城乡收入差距的相关关系不显著，即金融发展水平对城乡收入分配差距影响并不显著，而当金融发展水平达到较高水平时两者则表现出负相关关系，即随着金融深度的提高，城乡收入差距逐渐缩小，城乡收入不平等逐步实现收敛；金融深度的 20%—60% 分位数水平区间是城乡收入差距收敛的拐点。[②]

另外，还有一些学者针对农村金融发展对收入分配差距的影响进行了实证分析。温涛、冉光和和熊德平研究了金融发展对农村居民收入水平的影响，其结果表明全国金融发展水平的提高显著抑制了农民收入的增长；虽然一些研究表明中国金融发展和经济增长具有正相关关系，但是这个正相关关系从农村

① 王书华，孔祥毅.经济增长、金融资源分布和居民收入分配结构分析［J］.金融评论，2010(3)：104-112.

② 胡宗义.金融非均衡发展与城乡收入差距的库兹涅茨效应研究——基于县域截面数据的实证分析［J］.统计研究，2010(5)：13-18.

居民收入角度并不成立，用金融发展与经济增长的关系替代金融发展与农村居民收入增长的关系是错误的。[①] 崔萍运用1991—2008年的实际数据，实证研究了我国农村金融发展与农民收入分配之间的相关性关系和影响机制，表明我国农村金融的发展并未起到抑制农村居民收入分配差距的作用，反而一定程度上拉大了农村居民收入分配差距。[②] 陈雨露、马勇对Mckinnon模型进行扩展，建立了技术变迁视野下农户信用和农户收入的基本理论框架，以1100户农户的调查统计为基础，对农户信用、农贷市场和农民增收等相关问题进行实证分析。结果表明，农户获取信贷的需求和能力可以有力地解释农户收入水平的差异，而农户信用水平与区域经济环境、既有资本存量、生产和收入能力以及社会关系资本等多种因素相关。[③] 余新平、熊晶白、熊德平运用1978—2008年的相关数据分析了中国农村金融发展与农民收入增长之间的关系，研究结果表明：农村存款与农民收入增长呈现正相关关系，而农村贷款与农民收入增长呈现负相关关系；农业贷款促进农民增收存在着一定的滞后期；乡镇企业贷款并没有如预期的那样成为农民增收的重要途径，反而在一定程度上抑制了农民收入增长。[④] 张敬

---

① 温涛，冉光和，熊德平．中国金融发展与农民收入增长[J]．经济研究，2005(9)：21-32.

② 崔萍．中国农村收入分配与农村金融发展实证研究[J]．广东财经职业学院学报，2009(3)：64-68.

③ 陈雨露，马勇．农户信用与收入的基本框架及其差异化解释[J]．改革，2009(4)：84-90.

④ 余新平，熊晶白，熊德平．中国农村金融发展与农民收入增长[J]．中国农村经济，2010(6)：77-96.

石、郭沛使用中国 2000—2008 年各省面板数据，针对农村金融对农村内部收入差距的影响进行了研究。利用面板数据 VAR 模型和脉冲响应函数分析表明，农村金融规模扩大会加剧农村内部收入差距，而农村金融效率提高则能够缓解农村内部收入不平等程度。① 钱水土、许嘉扬利用中国 23 个省区面板数据，对中国农村金融的收入效应进行了比较与分析，并且将地区和时间两类虚拟变量引入模型中。其结果显示，中国农村金融发展的收入效应具有显著的地区差异：东部和中部地区农村金融发展对农民收入具有显著的正面影响，并且东部的效应大于中部；而在西部地区，农村金融发展对农民收入具有显著的负面影响。②

2.3 本章小结

国内外学者对金融发展的收入分配的影响进行了大量的研究，取得了丰硕的成果。综合金融发展的增长效应和收入分配效应的新金融发展理论正在形成中，金融发展理论正逐渐从研究金融发展的增长效应向金融发展的分配效应转变。金融发展的收入分配效应的分析大体上可以分为三种基本理论

① 张敬石，郭沛.中国农村金融发展对农村内部收入差距的影响——基于 VAR 模型的分析[J]. 农业技术经济，2011(11)：34-41.

② 钱水土，许嘉扬.中国农村金融发展的收入效应——基于省级面板数据的实证分析[J].经济理论与经济管理，2011(3)：104-112.

观点：

第一，金融发展水平和收入分配差距之间呈现倒“U”形关系。在格林伍德和约万诺维奇的G-J模型中，金融发展与收入分配之间并不是简单的正向或反向线性关系，而是一种倒“U”形关系。在一国金融发展过程中，收入分配不平等起初是不断恶化的，随着金融发展水平的提高，收入分配的差距将会缩小。

第二，金融发展水平和收入分配差距之间呈现出负相关关系。以加勒、泽里亚以及班纳吉和纽曼为代表的学者，通过两部门和三部门模型分析指出，随着金融发展，穷人和富人之间的收入与财富水平差距将不断收敛，金融发展水平越高的国家，收入差距越小。

第三，金融发展水平与收入分配差距之间具有正相关关系。以毛雷尔和哈伯为代表的学者们认为，在金融发展过程中，信贷服务主要面向的是富人群体和关系型企业，并没有向穷人群体和新型企业延伸；前者从金融深化和金融自由化中获利，提高了收入水平，而后者由于没有获取更多的金融服务，收入提高缓慢，金融自由化和金融深化进一步拉大了两个群体之间的收入差距。金融的发展进一步提高了社会精英阶层的收入，而牺牲了低收入者的利益。

对于实证研究方面，国外研究者主要是利用跨国时间序列数据进行研究，克拉克等建立了CXZ模型，实证检验的结果表明金融发展与收入分配差距负相关，即使在金融发展最初的较低水平上，金融发展和收入分配差距之间也是负相关关系，倒“U”形的关系并不存在。贝克等人利用52个发展中国家和发达国家 1960—1990 年的平均值，估计了金融中介发展、收入分配和贫困减缓间的关系。国内学者利用金融发展理论，考虑我国的实际情况，针对金融发展对收入分配的影响进行了分类研究，主要包括金融发展对地区收入差距的影响，金融发展对城乡收入差距的影响和金融发展对农村居民收入差距的影响，得出结论：金融发展确实是影响收入分配的一个重要因素，但是金融发展对收入分配的影响是倒“U”形还是正相关或负相关并没有取得一致的结论，其中主要的原因是研究中所使用的衡量金融发展的指标以及反映收入差距的指标存在区别。这些实证研究选取的金融发展指标主要是总量指标，而没有考虑金融的结构、效率和金融资源的分布指标，更没有考虑人口或者是穷人利用金融服务的程度。

第3章 金融发展实现收入分配效应的机制分析

金融就是实现资金融通的过程，是货币流通和信用活动的总和，其实质就是一种借贷行为。通过这种借贷行为，以获取利益最大化为目的的资源配置行为提高了经济效率，实现了经济的增长，即金融的增长效应。金融活动在具有经济增长效应的同时还具有对国民收入的分配和再分配效应，即金融的分配效应。马克思指出，在资本主义信用经济条件下，经济主体不但拥有支配自有资本的权利，更重要的是通过各种信用形式还取得了支配他人资本、财富和劳动的权利，通过所支配的资本范围的扩大实现资本主义社会化再生产能够以比以往更大的规模和速度实现，与之相伴的是资本和财富集中在少数人手中，尤其在银行信用机制的推动下，以钱生钱的财富积累模式将会使收入分配更加不平等。金融发展对国民收入具有重要的分配效应，这种分配效应不但表现在宏观层面的城乡、地区、行业之间，而且也表现在微观层面的家庭之间，本部分将从宏观和微观层面探讨金融发展的收入分配效应的实现机制。

3.1　金融发展实现收入分配效应的渠道

3.1.1　金融发展收入分配效应的分类

金融发展的收入分配功能的表现形式有两种：一种为直接分配，指金融发展对货币资金和金融资产的分配，从而使初始财富得到保值和增值，实现了收入或财富在不同群体之间的分配。另外一种为间接分配，指金融发展对金融资源的分配，主要通过对不同时空的物质产品的有效安排，把金融资源配置到不同地区和行业，这形成了不同群体之间的分配差异。

金融发展的收入分配效应可以分为两个层面：一是金融发展收入分配效应的空间层面。金融发展的不平衡通过金融资源的集聚与扩散引起不同地区、不同群体之间资本积累差异的相应变化，而资本积累差异将会引起资本—劳动比率的差异，这种差异将最终通过劳动边际产出引起区域之间或者群体之间的收入差距。二是金融发展实现收入分配效应的时间层面。金融发展与经济发展一样，需要经历一个从低级到高级的过程。在金融发展的初级阶段，金融体系不够健全，金融工具、金融服务比较短缺，只有少数群体能够得到金融资源和金融服务，更多群体被排斥在了金融服务之外。前者会因获得金融资源而获取更高的福利，后者则因没机会获取金融资源而失去这部分福利。随着金融发展水平逐渐提高，金融创新使得金融工具不断丰富，金融服务质量不断提高，起初被排除在外、不能获得金融服务的群体可以参与其中，享受金融服务，获得和其他群体一样均等的投资机会，不同群体之间的收入差距也因为投资机会的均衡而逐渐缩小。当金融发展到高级阶段时，社会上每个成员都可以无障碍地、平等地获取金融服务、参与金融活动，个体获取收入的机会将会更多取决于创新和技术，而不再是家庭背景和初始财富水平，不同群体之间的收入差距也因此而不断收敛到一个相对稳定的区间之内。

3.1.2 金融发展收入分配效应的渠道

马克思研究资本主义的生产方式，指出资本主义生产方式下金融发展的收入分配功能可以归结为四个主要的渠道：(1)资本的逐利性决定了资本必然从利润低的部门向利润高的部门流动，伴随着资本的流动，部门之间利润率实现了平均化，不同部门也因资本的流动，其收入发生不同程度的改变。(2)不同融资工具尤其是信用工具的使用，节省了费用，提高了资金的融通效率，带来的是资本家财富的增加。马克思从劳动价值论入手，指出在平均价值、平均利润率的形成过程中，在资本积累和集中过程中，资本主义信用具有不可替代的作用。(3)股份公司模式取代了原有的家族式经营方式，提高了企业存续期限。金融市场比如货币市场、资本市场等信用制度的建立和完善为公司发行股票，集中、分散资金创造了条件，同时市场又为股票的流通转让提供了便利性。公司股票的可交易性不但给股票持有人带来增值收益，而且也提高了企业资产的内在价值。(4)信用制度的发展使得金融创新层出不穷,通过各种创新性金融工具,单个资本家获得了可以去支配那些并不属于自己的资本、财产和劳动的权利,这些都是在信用不断加强和资本的集聚中完成的。现代金融发展具有多样性、复杂性,金融发展对收入的分配效应渠道也更为复杂。总体上看,金融发展的收入分配效应的实现可以归结为以下渠道。

1.金融政策直接影响收入分配

中央银行为实现调控宏观经济的目标而采取的各种措施被称为金融政策。金融政策一般是针对货币、利率和汇率进行的调节措施,金融发展状态将会影响国家的金融政策,国家通过实施金融政策实现了收入在不同部门间的分配。在采取金融抑制政策的情况下,金融收入分配效应的实现途径是将利益由储蓄部门向投资部门输送,国家通过一系列措施将金融市场的名义利率保持在远低于通货膨胀率的水平;在采取金融约束性政策的情况下,国家通过提高金融市场的进入门槛,为现存金融机构创造了寻租的机会,并将寻租产生的“租金”在不同部门之间进行分配;在金融自由化政策下,直接的利益输送或者寻租机会消除了,金融市场的充分竞争使得收入向均等化发展,有利于缩小收入差距,但过度的竞争会增加金融风险发生的可能性,导致经济波动幅度变大,这样必然会使得收入不平等状况进一步恶化。

2.信贷市场发展实现财富的再分配

金融发展促进经济增长和社会财富的增长,金融市场尤其是信贷市场的发展使得更多的人能参与金融活动。金融市场的核心指标是资金的价格即利率，当利率上升时有利于财富向储蓄群体转移，当利率下降时投资性群体将因相对低廉的资金使用成本而获得比储蓄群体更高的收益。但如果金融市场的门槛低、参与度较高，则将会有利于穷人借贷并进行投资，缩小穷人和富人之间的收入差距，促进收入分配的均等化。

3.通货膨胀实现了对财富的再分配

通货膨胀的收入分配效应是指经济发生通货膨胀时对国民收入分配差距所产生的影响。在社会总产出水平不发生大的变化的情况下，宽松的货币政策会使一般价格水平上升，进而可能导致通货膨胀，引发社会财富在不同利益群体间的再分配。工薪阶层的收入主要为工资和薪金，这类收入增长速度往往落后于物价的上涨速度。货币工资的增长滞后物价水平的上涨越多，那么通货膨胀对此群体造成的损失越大。另外，感受到通货膨胀的存在和实际的通货膨胀发生、要求增加工资和实际增加工资的时间上，总是存在一定的间隔，工资增加总是滞后于通货膨胀。因此，总的来说，只要有通货膨胀的存在，以工资、薪金为主要收入的群体就会受到损害。对于以利息和地租及其他租金为主要收入的群体，通货膨胀后由于利息、租金的调整也存在时滞问题，故而将会对债务人有利，而不利于债权人。而对于那些以利润为主要收入的群体，利润因货币工资调整的时滞而获益，物价水平的上升会很快表现在产品价格的上涨上，而此时货币工资水平并没有上涨，因而企业利润会因物价水平的上涨而增加。

4.资产性收入对收入分配的影响

通常情况下,较高的金融发展水平对应着较高的资产证券化水平,资产证券化不但提高了资产的流动性,而且更重要的是,证券化通过对资产的分割实现了收入的共享。资产证券化水平较高的地区,很多居民持有股票、债券等金融资产,他们除了能获取工资和薪金收入外,还能获取资产性收入。金融发展水平较高的地区比落后地区更能深层次地分享经济增长的成果。

3.2　金融发展实现收入分配效应的机制分析

3.2.1　金融发展实现收入分配效应的增长机制

金融发展对经济增长的促进作用得到了大家普遍的认同,金融发展在促进经济增长的同时也通过影响经济增长效应实现了其收入分配效应。在此借助帕加诺(A. Pagano)的内生增长模型,分析金融发展通过经济增长效应实现收入分配效应的机制。

假设企业在生产过程中仅投入一种要素即资本,并且生产唯一的一种产品,我们用 AK 生产函数来描述整个生产过程。总产出函数是资本存量的线性函数,其公式为:

$$Y_t = AK_t$$

其中,Y_t 为经济体第 t 时期的总产量,K_t 为经济体在第 t

时期的资本投入总数量，A 为经济体的资本边际生产率。为方便分析，将此经济体的人口规模假定在一个固定不变的水平，只有一种产品产出，而这种产品有两个用途：作为投资品进行投资或者作为消费品被消费。当作为投资品用于投资时，假定每期的折旧比率为 δ ，那么总投资 I_t 可以表示为：

$$I_t = K_{t+1} - (1-\delta)K_t$$

在简单经济条件下（两部门封闭经济），资本市场的均衡条件是：总储蓄等于总投资，即 $S_t = I_t$ 。假设 φ 表示储蓄向投资的转化率，金融中介成本的存在使得（$1-\varphi$）比率的储蓄在向投资转化的过程中流失掉，也就是：

$$\varphi S_t = I_t$$

根据 AK 生产函数，第 $t+1$ 期的增长率是：

$$g_{t+1} = \frac{Y_{t+1}}{Y_t} - 1 = \frac{K_{t+1}}{K_t} - 1 = \frac{1+(1-\delta)K_t}{K_{t-1}} = \frac{\varphi S_t}{K_t - \varphi} \tag{3-1}$$

利用 $Y_t = AK_t$ 及 $\varphi S_t = I_t$，可以将式(3-1)中的经济增长率表示为：

$$g = \frac{AI}{Y} - \delta = A\varphi s - \delta \tag{3-2}$$

其中，g 为经济增长速度，s 为经济体内部储蓄率。经济的增长速度主要受四方面的因素影响，其中金融体系将影响到储蓄投资的转化率 φ 、资本的边际生产率 A、私人储蓄率 s，接下来我们将分析这三种机制。

第一,金融发展通过储蓄—投资转化率影响经济增长速度,实现其收入分配效应。金融体系将储蓄资金转化为投资资金,这个过程就是金融体系通过自身具有的融通资金的职能实现的,但是这一过程需要交易成本和信息成本,包括金融部门的经营成本和利润、部分承担的风险升水以及其他一些非市场的资源漏损(如垄断、寻租和金融腐败等),即前面提到的$1-\varphi$。金融市场激烈的竞争将会促使金融部门提高本身的经营效率,不断进行金融产品和金融工具的创新,金融交易成本会在这种竞争和创新下不断降低,这势必大大推进储蓄向投资的转化率,推动经济快速发展。另外,这个增长机制对金融部门还存在一种反馈效应:较高的经济增长水平将会给金融部门带来同步的高收益,而高收益将会吸引更多社会资源流入金融部门,这将进一步促进金融部门竞争程度和经营效率的提高,降低金融市场的交易成本,从而进一步促进经济增长。金融发展对收入的分配效应就是在这种对经济增长影响的渠道中实现的。较高的金融发展水平对应着有效率的发达的金融体系,发达的金融体系降低了社会储蓄资金向投资资金转化的成本,而金融发展水平较低的、落后的金融体系对应的是较高的金融运行成本,较高的金融运行成本增加了社会储蓄资金向投资资金转化的"漏出",表现出来的结果是,金融发展水平较高的地区得益于其带来的经济增长而收入水平较高,而那些金融发展水平较低的地区却由于经济增长缓慢而收入水平较低,金融发展水平的差距引起了地区收入水平的差距。

第二,金融发展通过资本边际生产率影响经济增长速度,实现其收入分配效应。金融体系可以依靠独有的信息资源优势和专业技术优势对投资项目进行甄别评估，引导资金由低收益率项目向高收益率项目流动，提高了资金的使用效率；金融体系通过专业人员对投资项目的监督，促进企业提高资金的使用效率；通过金融体系提供的交易功能，实现资产的流动，降低投资风险；家庭个人可以通过金融市场融资，进行人力资本投资，提高人力资本的收益；金融体系也为政府提供融资，促进公共资本的形成。通过以上渠道，金融发展将会提高资本的边际生产率。不同地区由于金融发展水平的差异，资本的边际生产率具有较大的差距，这又表现为因经济增长速度的不同而呈现收入水平的差距。

第三，金融发展通过储蓄率影响经济增长速度，实现其收入分配效应。储蓄率对经济增长的影响主要取决于替代效应和财富效应。金融部门不断创新金融工具，高收益、低风险的金融工具不断出现。这样一来，一方面居民的储蓄意愿会提高，进而增加收入；另一方面居民收入也将因资产收益率的提高而增加，在财富效应的影响下居民将降低储蓄率而增加当期消费水平。另外，资产的组合管理降低了居民持有金融资产的风险，这反而会降低居民持有预防性储蓄的意愿。在开放经济条件下，金融发展可以通过吸引外资来提高本国的储蓄率，弥补国内储蓄的不足，促进经济增长。

3.2.2 金融发展实现收入分配效应的门槛机制

在金融发展的初期，金融体系欠发达，金融市场规模较小，运行成本较高，享受金融服务需要支付较高的成本，这个成本对收入低的群体而言是无法承担的，只有那些高收入群体才能承担这个成本。因此，低收入群体将会放弃享受金融服务，而高收入群体由于享受金融服务而获取了高的资本投资收益，低收入群体和高收入群体之间的收入差距会拉大。但是穷人可以通过比富人更高的储蓄率在未来达到财富水平门槛。在金融发展较充分的后期，那些起初并不能享受到金融服务的低收入群体，也将会通过财富积累而越过财富水平的门槛，获得充分的金融服务，群体之间的投资收益差距将会消除，所有群体都能获得较高的投资收益，收入分配状况最终会稳定在相对平等的水平。众多学者，如希克斯(B. Hicks)、加尔维斯(B. Galbis)等都针对金融发展对收入增长的门槛效应进行了研究和论述。本部分我们将在此基础上分析金融发展实现收入分配效应的门槛机制。

1.基本假定

假定有一个小型开放经济组织，该组织只生产一种产品，该产品可以作为消费品和投资品。该经济组织有两种生产方式可选择：一种是需要技术熟练工人和资本相结合进行生产，另外一种只需要一般工人进行生产。该经济组织是一个小型开放经济组织，它向世界完全开放而同时对世界资金供需没有任何影响，仅仅是世界利率的被动接受者，即这个经济组织的存款利率与世界利率是极为接近的。使用技术工人和资本进行生产的部门产出函数可以描述为：

$$Y_t^s = F(K_t, L_t^s)$$

其中，Y_t^s 在时间 t 代表该部门的产出，K_t 是资本量，L_t^s 是劳动投入。生产函数 F 假设为规模报酬不变。假设人力资本投资和实物资本投资提前一期进行。为简单起见，假设不存在技术进步、投资的调整成本以及资本折旧因素。运用一般劳动力进行生产的部门生产函数表示为：

$$Y_t^n = w_n \cdot L_t^s$$

其中，Y_t^n 和 L_t^s 分别表示该部门的产量和劳动投入，$w_n > 0$ 是该部门的边际生产率。

该经济体中的当事人均生存两期，他们既可以作为一般工人在两期中均进行生产并获得工资收入，也可以在第一期进行人力资本投资并在第二期作为技术工人获得工资收入和其他投资收益。每个人的投资门槛固定为 $h > 0$。同时假设所有的劳动供给是无弹性的，因此每个人在每一个劳动期供给一单位的劳动力。每个当事人依靠父母和孩子维系着代际的联系，这就意味着该经济体人口增长率为零，同时假设每一代人口总数为 L。每个人都抚养后代并将遗产留下，为了简化起见，假设当事人仅在第二个时期进行消费，这样每个人的效用函数可以记为：

$$u = \alpha \log c + (1 - \alpha) \log b$$

其中，b 和 c 分别代表每个人在第二期的遗产和消费，$0 < \alpha < 1$，每个当事人出生时具有相同的潜力和偏好，他们仅仅从父母处继承的遗产数量不同。在这个小型的开放经济组织中资本是可以自由流动的，因此个人和企业均可在国际资本市场上从事自由的借贷活动而不受任何限制。我们将不随时间变化的世界利率假定为 r 且 $r > 0$，而企业也无法逃避其债务，原因在于企业的资产流动性并不好，而逃避债务会严重损伤企业的声誉，各借款人只能按照该利率借款，所以有：

$$F_K(K_t, L_t^s) = r$$

熟练技术部门中的资本与劳动比率是固定值，而资本与劳动比率决定了技术工人的投资收益和工资收入 w_s，这一值仅取决于利率水平 r 和技术水平。对劳动力市场和产品市场的基本假定是完全竞争和预期的完全理性，这样我们可以把问题限制在金融市场不完善方面。

2.收入分配的短期均衡

首先考虑资本市场的均衡。由于个人是可能违约的，因此贷款人为了能追索到每个借款人，他需要一个正的追索成本。这样，每个借款者的借贷成本要高于市场利率 r，以覆盖贷款人的追索成本，个人借款者借款数量为 d，则需要支付利率 i_d 以弥补贷款人的借款利息和成本 z。对于借款者而言，如果在此条件下再逃避债务，其付出的成本为 βz，其中 $\beta > 1$。在一个竞争性金融市场中均衡的条件为：

$$d \cdot i_d = d \cdot r + z$$

贷款者会选择一个足够高的成本 z，以尽量弥补个人违约而发生的损失，即 $z = \dfrac{d(1+i_d)}{\beta}$。

根据这两个约束条件，我们可以得出个人借款者付出的借款利率为：

$$i_d = \frac{1+\beta r}{\beta - 1} > r$$

假设个人在其生命的第一周期继承了财富 x ,他存在两种不同的选择:第一选择是在生命的第一时期进行投资,在生命的第二时期作为技术工人工作;第二选择是并不进行投资而是直接作为工人工作,其收入仅仅来源于工资性收入。考虑到个人的收入和借贷决策,个体整个生命周期内的效应存在三种可能性。

第一种情况:如果他决定作为一般工人,并不进行投资,则其生命周期的效用函数为:

$$U_n(x)=\log[(x+w_n)(1+r)+w_n]+\varepsilon$$

其中,$\varepsilon=\alpha\log\alpha+(1-\alpha)\log(1-\alpha)$ 。这样在金融市场上他会成为一个净贷款人,并且留下遗产为:

$$b(x)=(1-\alpha)[(1+r)(x+w_n)+w_n]$$

第二种情况:如果他继承的遗产 $x\geqslant h$,并且选择首先进行投资、然后选择作为技术工人,那么他在金融市场上也将是净贷款人,其生命周期的效用函数为:

$$U_n(x)=\log[(1+r)(x-h)+w_s]+\varepsilon$$

在这种情况下,此人所留下的遗产为:

$$b(x)=(1-\alpha)[(1+r)(x-h)+w_s]$$

第三种情况:如果他继承的遗产 $x<h$,那么在金融市场上他就成为净借款人,其生命周期的效用函数为:

$$U_s(x)=\log[(1+i)(x-h)+w_s]+\varepsilon$$

留下的遗产为:

$$b_s(x)=(1-\alpha)[(1+i)(x-h)+w_s]$$

 显然,资本存在的条件是:并不是每一个人都选择作为一般工人工作，有一部分个人愿意进行投资。如果该条件得到满足，那么下列不等式成立，否则所有人都愿意选择作为技术工人存在而不愿意进行投资：

$$w_s-(1+r)h\geqslant(2+r)w_n$$

我们可以发现，如果投资的回报比作为一般工人的收入高，那么贷款人将偏好于投资，同时借款人要选择投资，则必须有 $U_s(x)\geqslant U_n(x)$ ，即 $(1-\alpha)[(1+i)(x-h)+w_s]\geqslant(1-\alpha)[(1+r)(x-h)+w_s]$ 。相当于，$x\geqslant f=1/(i-r)[w_n(2+r)+h(1+i)-w_s]$ 。因此，继承遗产数量少于 f 的个人将不愿意进行投资，投资将仅仅局限于拥有充足的初始财富的个人身上。

3.收入分配的动态变化和长期均衡

财富的分配不但决定了 t 均衡，而且也决定了下一期的遗产分布，具体可以用式(3-3)表示：

$$x_{t+1}=\begin{cases}b_n(x_t)=(1-\alpha)[(x_t+w_n)(1+r)+w_n], & x_t<f\\ b_s(x_t)=(1-\alpha)[(x_t-h)(1+i)+w_s], & f\leqslant x_t<h\\ b_s(x_t)=(1-\alpha)[(x_t-h)(1+r)+w_s], & h\leqslant x_t\end{cases}\tag{3-3}$$

图 3-1 对财富分配的动态关系进行了描述。其中，x_n 为较低富裕阶层财富的长期收敛值，f 为继承遗产可用于投资的临界值，g 为跃升富裕阶层的门槛值，h 为超高富裕阶层的门槛值，x_s 为超高富裕阶层财富的长期收敛值。该图反映了一般工人(只获取工资收入)和技术工人(可以获得工资收入和投资收益)间继承遗产与所留遗产间的动态关系。

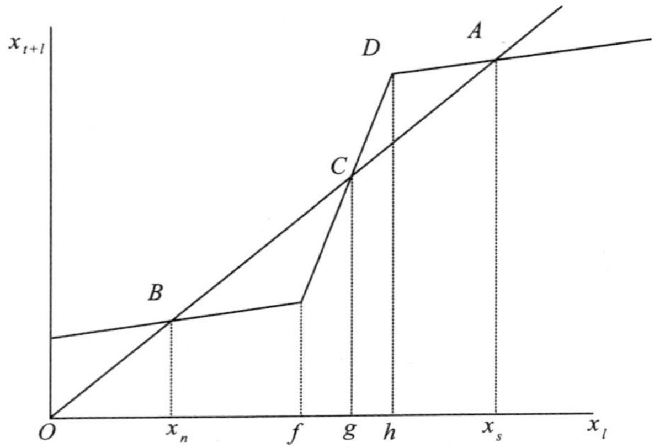

图 3-1　财富分配动态调整及长期均衡

如图 3-1 所示，继承遗产数小于 f 的个体将从事一般工作并且其后代也将从事一般工作，他们的财产收敛于长期水平 $\overline{x}_n$：

$$\overline{x}_n = \frac{1-\alpha}{1-(1-\alpha)(1+r)} w_n (2+r)$$

继承遗产数大于 f 的个体将获得投资收益，他们的后代并不会都是熟练工人。其中，继承的遗产数小于 g 的虽有投资的机会，但是他们的后代将会丧失投资机会而成为一般工人，并且他们的财富也收敛于 $\overline{x}_n$：

$$\overline{x}_n = \frac{(1-\alpha)[h(1+i)-w_s]}{(1+i)(1-\alpha)-1}$$

继承遗产数大于 g 的个体将有条件不断进行投资，并且他们的后代也将不断进行投资，他们的遗产收敛于 $\overline{x}_s$：

$$\overline{x}_s = \frac{1-\alpha}{1-(1-\alpha)(1+r)} [w_s - h(1+r)]$$

这样一来，此经济体中的个人将会分化为两个团体：一个是持续进行投资的富裕阶层，另外一个则是一代一代作为普通工人的贫穷阶层。贫穷阶层成为富裕阶层的一个重要条件是门槛值 g，只有作为普通工人的个体的财富水平超过 g，其后代才能进入富裕阶层。

通过本模型可得出下列结论：金融市场不完善和投资对不平等的持续有着重要作用。金融市场的不完善导致了信贷配给不均衡，同时投资要求一个固定值，两者结合产生了持续的收入分配不平等和社会分化，即经济体中的个人最终分化为贫富悬殊的两大群体，一个是进行投资的富裕阶层，一个则是一代代作为一般工人的贫穷阶层。如果贫穷阶层想成为富裕阶层，则需要越过一定的财富门槛，这个门槛值就是 g。在财富水平小于 g 时，由于金融市场的不完善，此时投资并不具有持续性，穷人并不具有从贫穷阶层向富裕阶层跃迁的关键条件；当财富水平积累到 g 时则能实现这个跃迁，越过这个门槛值可进入可持续投资的富裕阶层。

3.2.3　金融发展实现收入分配效应的非均衡机制

金融作为一种资源，在各地区以及城乡之间的配置是不均衡的，这种金融资源配置的非均衡性导致了金融发展的非均衡性，而这种非均衡性对地区之间、城乡之间的收入分配差距产生了影响。我们将借助一个两部门模型来具体说明金融发展实现收入分配效应的非均衡机制。

假设全部经济由两部门组成：部门 1 是生产效率较低的部

门，部门2使用较为先进的生产技术，是生产效率较高的部门。为了便于分析，假定这两个部门生产的产品相同，其生产函数分别为：

$$Y_1 = F_1(K_1, L_1)$$

$$Y_2 = F_2(K_2, L_2)$$

其中，Y 表示整个经济的产出即国民收入，K 代表整个经济运行过程中的资本投入，L 代表整个经济运行过程中的劳动投入，F 表示此经济体的生产函数。1、2 分别代表第一个生产部门和第二个生产部门。在生产要素价格与其边际生产率相同的条件下，两个生产部门的资本收益率可以分别表述为：

$$\frac{\partial Y_1}{\partial K_1} = r_1$$

$$\frac{\partial Y_2}{\partial K_2} = r_2$$

其中，r_1、r_2 分别代表第一生产部门和第二生产部门对应的资本收益率。由前提假设可知，第二部门较第一部门有更先进的生产技术，因此第二部门比第一部门的生产率要高，第二部门资本收益率要大于第一部门资本收益率，也就意味着 $r_2 > r_1$。先进生产技术给资本和劳动两个要素都带来了较高的回报率，即 $r_2 > r_1$ 的同时，第二生产部门的工资也大于第一生产部门的工资，即 $w_2 > w_1$（w_2 和 w_1 分别为两个部门的工资水平）。在生产要素被充分利用的条件下，依据上面假定的生产函数，整个经济的收入决定方程可以表述为：

$$Y = Y_1 + Y_2 = r_1 K_1 + w_1 L_1 + r_2 K_2 + w_2 L_2$$

在生产要素被充分利用、总资本 K 不发生变化的情况下，第一生产部门资本 K_1 增加必然导致第二生产部门资本 K_2 减少，反之是同样的道理。同时由于 K_2 的收益率高于 K_1，因而若 K_1 减少而 K_2 增加，则 Y 将上升。因此，在社会资源一定的条件下，改进金融中介储蓄和投资的配置机制，使社会资源由生产效率低的部门向生产效率高的部门转化，则可提高整个经济的增长速度。

在金融抑制的经济中，落后部门相对于技术先进部门更难获得银行信贷支持。为了便于分析，我们假设部门 1 得不到银行贷款的支持，而部门 2 可按银行所吸收的存款量取得一定的贷款支持；商业银行的存款为金融资产的唯一形式。对于部门 1 而言，其投资决策依赖于两个收益率，即其自身投资的实际收益率和可获得金融资产的实际收益率，于是其投资函数可以表示为：

$$I_1 = H_1(r_1, d - p^*)Y_1 \text{ 且 } \frac{\partial H_1}{\partial r_1} > 0, \frac{\partial H_1}{\partial(d - p^*)} < 0$$

其中，r_1 为部门 1 投资的内部收益率，d 为商业银行的名义存款利率，p^* 为预期的通货膨胀率，$d - p^*$ 为实际存款利率，Y_1 为部门的产出水平。由投资函数可以看出，金融中介机构应该制定合适的存款利率以吸收部门 1 的存款而限制其本身的投资，同时通过贷款的方式将资金融通到投资效率较高的部门 2。在适当的存款利率下，部门 1 将通过银行存款的方式保有其部分储蓄，即 $I_1 < S_1$（储蓄），于是得到如下部门 1 的储蓄函数：

$$S_1 = I_1 + \mathrm{d}(M/p)/\mathrm{d}t$$

其中，$\mathrm{d}(M/p)/\mathrm{d}t$ 是部门 1 的实际银行存款余额的增量。与部门 1 不同，部门 2 的投资者有两个方面的资金来源：一方面来自本部门的储蓄，另外一方面是来自银行借款。由于部门 2 已经在投资方面用完了其全部储蓄，因此银行的可贷资金只限于部门 1 的存款余额。这样，部门 2 的资金供给就是本部门的实际储蓄加上部门 1 的储蓄，即：

$$I_2 = S_2 + \mathrm{d}(M/p)/\mathrm{d}t$$

下面考虑金融抑制的后果。在大多数发展中国家，通常由于政治的、法律的或者制度的因素，利率受到严格管制，实际利率往往被长期地压制在均衡水平之下，其结果不仅限制了金融中介的发展，而且也影响了实际经济的增长，形成金融抑制。金融抑制不仅阻碍了经济的增长和发展，而且还引起了通货膨胀和收入分配不平等。

我们用图 3-2 来表示第二生产部门可供使用的投资资源的供给和需求状况。为了便于分析，在这里我们将利率设定为零，这样第一生产部门的金融资源储蓄为零，第二生产部门由于不能得到第一生产部门的储蓄支持，因此其投资资源就仅仅依靠自身的力量即内源性融资解决，即第二生产部门的储蓄转变为第二生产部门的投资，即 $I_2 = S_2$。

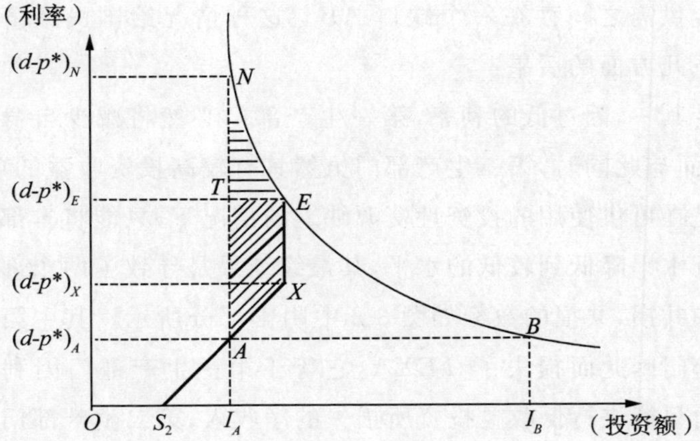

图 3-2　金融抑制的经济后果

如果利率不为零而是一个大于零的数值，这样一来有利息可图，第一生产部门就会减少消费而逐渐增加本身的储蓄。当储蓄利率上升到 $(d-p^*)_N$ 时，第一生产部门将不再进行任何的消费而是将自身的储蓄全部存入银行等金融机构中。此时第二生产部门投资的供给来源于两个生产部门储蓄之和，即 $I_2=S_2+S_1$。但是即便利率上升到了一个比较高的水平，整个经济体对投资的需求还是远大于供给，原因在于发展中国家具有较为广泛的投资机会，但其资本比较稀缺。正如图 3-2 所示，只有当金融市场利率水平为 $(d-p^*)_E$ 时，资金供需数量才相等，市场才会处于均衡状态。但实际上政府通过金融抑制政策对利率实行严格管制，在这种利率管制下利率失去了自我调节功能，即使资金需求大于资金供给，实际利率也不能提高到这一均衡水平。假设利率被限制在了 $(d-p^*)_A$ 水平上，较为低廉的资金价格将会激发对资金的需求而压制资金的供给，资金供需之间存在一个缺口 AB。这种情况给国民经济带来以下几方面的后果：

其一，因过低的利率，第一生产部门必然将减少自身的储蓄，而与此同时，第二生产部门虽然具有较高投资收益的项目，但是在可供使用的投资性资源缺乏的情况下，只能将本部门的投资水平降低到较低的水平，其最终结果是导致了两个部门收益的共损，共损的数额如图 3-2 中阴影部分所示。其中第一生产部门因此而损失了 $TEXA$，它等于第一生产部门因利率过低而只能进行低收益投资所损失的净收入；第二生产部门因此而损失了 TEN，它等于第二生产部门的生产剩余。以上所考虑到的共损还仅仅是资本收益层面的损失，同时低收益投资也会降低劳动的收益而进一步增加了共损的范围和数量，金融抑制所造成的损失比图中所示的还要大。

其二，投资的供需矛盾通过以下方式表现出来：对贷款的过度需求将会大大提高银行的借款利率压力，但是利率的提高受到法律的、政治的或者制度的限制，这很可能导致投资的过盛而引起资金价格的大幅上升，进而导致整个金融系统的不稳定，其结果必然是金融资源实际利率的初始效应得到进一步加强。

其三，金融抑制造成了收入分配的不平等。由于利率被限制在过低的水平上，因而对信贷资金的需求必然大于其供给。消除这一供需缺口的方法是实行信贷配给，在配给政策下企业不能通过公平竞争而获得信贷资金，只有那些与政府和金融机构联系紧密的企业才能取得信贷配给，而这些企业也因此获得

"意外利润"。如果政府部门只对金融部门吸收存款利率进行限制而对其发放贷款的利率不加以限制，在信贷市场供需失衡状态下，金融部门将会大幅提高贷款利率到$(d-p^*)_N$的水平，其结果是金融部门可通过高贷款利率将本属于企业的全部"意外利润"占为已有，此时部门 1 的存款人和部门 2 中得不到贷款支持的企业却遭受了损失。一方面，部门 1 的潜在存款人因利率过低而只得把储蓄用于低收益的投资，结果减少了收入；另一方面，部门 2 中得不到贷款的企业因缺乏投资资金而损失了本来可以取得的收益。在金融资源有限的条件下，通过金融抑制和信贷配给，获得金融资源较多的部门的收入大于获得金融资源较少的部门的收入，通过金融资源的配置实现了收入在两部门之间的分配。

3.2.4　金融发展实现收入分配效应的技术进步机制

在经济发展中，能够使用新技术进行生产的部门更能获得较高的收入，而技术创新是需要相应的资金支持的。资金的来源有两个渠道：一个是内部积累，另外就是外部信贷支持。在投资的"不可分割性"不能被忽略的条件下，依靠内部积累的部门由于缺乏资金，阻碍了部门的技术创新，而另外一些能够获得外部信贷支持的部门更有机会进行技术创新，进而有效改善消费和提高生产效率。本部分我们将探讨金融发展通过技术进步机制实现收入分配的途径。图3-3是一个两周期费雪图形，它可用来解决一段时间内投资和消费的分配问题。在周期 1 内，人们往往放弃消费而进行投资，目的在于扩大周期 2 的可消费产品。周期 1 的收入或初始财富 Y 及消费 C 以横轴来表示。周期 2 的收入流量会因周期 1 的投资而增加，以纵轴来描述这种变化。图 3-3 包括了内部所有的投资机会、企业固有资金和企业获得外部融资的可能性。

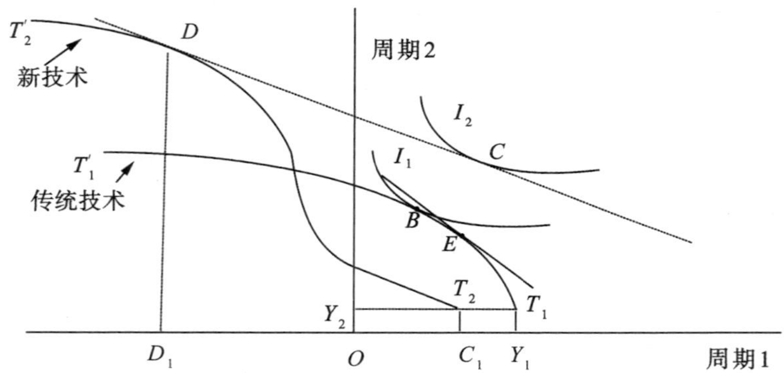

图 3-3　传统投资、技术创新与信贷支持

为了解释“不可分割”的情况，我们假定某企业的内部投资只发生在两种不同的技术上：$T_1T'_1$ 代表“传统的农业技术”，表明在未发生重大的农业技术创新的条件下，某农户在减少周期 1 的消费以增加周期 2 消费之间的替代。$T_2T'_2$ 代表新技术(技术进步)，由于需要进行 T_1T_2 投资，就会存在一个收入缺口，缺口的大小取决于购置的最初生产设备。如果这种投资发生，耕作的收益会较高，而且只有沿着 $T_1T'_2$ 进入第二象限时，收益才出现递减的现象。Y_1 代表该农户初始资金拥有量，它包括前期的可消费资本的剩余和周期 1 的当期收入。如果在周

期 1 并未出现投资，Y_2 代表的是在周期 2 农作物没有经过改善而自然增长所获得的收入。Y_1 或 T_1 到纵轴的距离，就代表利用初始资金进行当期投资的水平。

$T_2T'_2$ 的斜率给出了增加的周期 2 可消费收入中每一单位当期投资的利润。当投资轨迹向左延伸到第二象限时，只表明现有的企业资金满足不了投资所需。如果企业家被限制在内源性融资上，技术选择会发生偏离。当企业只使用传统技术时，在 B 点的平衡状态，周期 1 和周期 2 的消费才表现为正数；反之，如果实际上利用了先进技术，周期 1 的消费必定是负数——这在经济上是不可能事件。I_1 和 I_2 在多数情况下表现为凸性的，代表企业家和住户消费方面的无差异曲线。两个周期中的消费一定都是正数。可以预料，在贫困经济中这个消费约束因素受到了严格的限制。在图 3-3 描述的情形中，在消费和有限的资金约束下，企业家被封闭在 B 点的低级技术中。

如能获得外部借款，企业家就可以运用 D 点的新技术从事高质量的生产，加上 C 点的被改善的消费，他们将会打破传统的生产方式。也就是说，当生产者能够按直线 DC 的斜率确定的利率，筹集到他期望获得的资金量时，这部分外部资金将容许他进行相当于 Y_1D_1 数量的新技术投资，并增加周期 1 的消费。社会生产率的提高，也使得企业家在周期 2 能够归还贷款。

通过此模型的分析我们可以得出以下结论：金融发展水平低下造成的信贷约束和技术封闭的共同作用将导致生产者长期处于低收入、低技术和低信用的“低级均衡状态”中。金融发展使生产者能够筹措到进行技术创新所需要的资金，这是因为新技术的利用需要足够的资本作为支撑。在面临内源性融资不足时，外在资本的可获得性将是解决这一问题的关键。金融发展水平较低时普遍存在的信贷约束只能让经济体中一部分部门获得信贷支持从而进行技术创新，这些部门由于具有了更高的生产效率，因此就会获得比采用传统技术进行生产的部门更高的收入；这些部门就会打破消费约束和技术封闭，那么不断增加的资本和现金流将进一步提升其获取外部资本支持的能力，从而实现收入增加和信贷可获得性二者之间的良性循环。

3.3 本章小结

本章从理论层面分析了金融发展影响收入分配的机制，其中包括金融发展的经济增长机制、金融发展的门槛机制、金融发展的非均衡机制和金融发展的技术进步机制，这四大机制保障金融在促进经济增长的过程中实现了对收入的分配效应。金融发展水平的高低决定了投资储蓄率的转化、资本边际效率的大小以及储蓄率水平。金融发展可以提高储蓄率，促进储蓄向投资的转化，提高资本的边际效率，而这直接决定了不同地区经济增长的速度，金融发展水平的差异对应的是居民收入分配的差异。在经济和金融发展的早期，穷人由于没有能力支付较高的成本而享受不到金融服务，但是他们可以保持比富人更高的储蓄率以期在未来达到投资的门槛,只有收入较高的一部分人愿意支付高昂的成本而享受到金融服务,从而总体上提高了自身的收入水平。穷人和富人由于初始财富数量的不同导致投资收益率不同,收入分配差距因此而扩大。在经济增长的成熟期,金融中介充分发展,穷人也会逐渐积累财富并超过门槛财富水平,获得充分的金融服务,收入分配格局最终会稳定在平等水平。

金融作为一种资源在各地区以及城乡之间的配置是不均衡的,这种金融资源配置的非均衡性导致了金融发展的非均衡性。金融作为一种资源具有二重属性:一方面其本身是一种资源,更重要的是它又是一个能配置其他资源的资源,金融资源的占有量相应代表了对其他资源的占有量,金融资源通过对其他资源的配置实现了收入在不同群体间的配置。

在经济发展中,能够使用新技术进行生产的部门更能获得较高的收入,而技术创新是需要相应的资金支持的。资金的来源有两个渠道:一个是内部积累,另外一个就是外部信贷支持。在投资的"不可分割性"的条件下,依靠内部积累的部门由于缺乏资金阻碍了技术创新,而另外一些能够获得外部信贷支持的部门更有机会进行技术创新,则可以有效改善消费和提高生产效率。

第4章　中国金融发展的总体收入分配效应分析

伴随一系列改革，中国金融取得了长足的进步，促进了经济增长，但中国金融发展也存在非均衡，主要表现在区域发展非均衡、城乡发展非均衡。

4.1　中国金融发展的非均衡性

4.1.1　中国金融发展的区域非均衡性

改革开放以来，在“先富带动后富”方针指引下，国家对区域经济的发展也采取了非均衡增长策略。随着经济特区的建立和沿海城市经济开放，东部沿海开放区获得了财税、金融等政策方面的优惠，该地企业投资规模增速迅猛，经济增长速度显著，出现了东西部经济发展不均衡的特点。东部地区经济活力强，社会投资积极，同时在优惠政策的吸引下，东部地区建立了高效率的金融体系，储蓄向投资转化的渠道增多，金融工具实现多样化，金融资源配置市场化水平大大提高。而中西部地区却将以国家信用为主体的间接金融作为主要融资方式，货币政策中信贷配给占主要地位，金融资源匮乏，金融组织体系单一，金融市场发展滞后，金融效率低下。

区域金融相关率是衡量区域金融发展水平的重要指标。有学者利用了三个指标衡量金融发展水平：一是金融中介的流动负债占 GDP 的比重，这个指标用以反映金融系统化的相对规模；二是商业银行和中央银行在总的信用余额中所占的相对份额，用以反映金融系统的结构和风险控制能力；三是银行系统对私人和公共系统的信贷数量，用以反映金融系统的效率。为了反映中国区域金融发展的差异，我们用“金融相关率”这一指标来表示地区金融发展水平。鉴于数据的可获得性，利用各区域内银行总贷款余额与区域总产出之间的比率作为金融相关率的度量指标。

如表 4-1 和图 4-1 所示，改革开放之初，东、中、西部金融相关率大约为 50%，金融相关率差异并不明显。伴随着改革开放的推进，东部地区金融相关率迅速上升，在 2003 年左右，东部地区金融相关率达到了117.9，中部地区为 96，西部地区为 105，东部增长速度超过了中部和西部，东、中、西部金融相关率差距拉大。

表 4-1　东、中、西部地区金融相关率

	东部(%)	中部(%)	西部(%)
1978	53.79188	53.88223	48.72421
1988	83.04896	72.27185	69.76998
1998	102.79290	96.78897	97.70450
2001	103.80620	93.03258	97.82003
2002	110.18600	94.95127	100.91020
2003	117.90290	96.13908	105.49130

续表

	东部(%)	中部(%)	西部(%)
2004	112.84590	86.99704	100.03030
2005	107.84590	76.70636	93.29159
2006	108.00280	82.06902	92.32139
2007	105.83620	78.42195	89.28027
2008	104.39920	67.75976	85.98486
2009	106.41260	70.18760	86.21941
2010	106.74120	71.48793	87.61245
2011	105.14630	72.41589	86.14786
2012	105.21460	73.14256	87.01453

数据来源:据《中国金融年鉴》各期、《新中国五十五年统计资料汇编》数据整理所得。

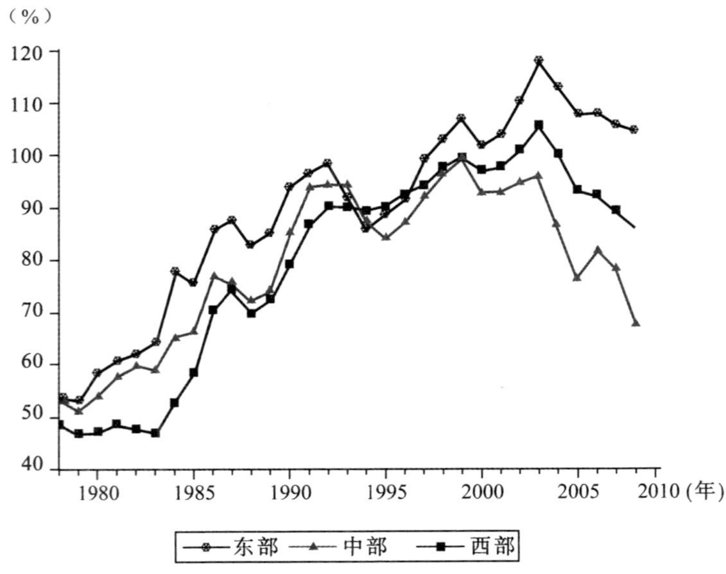

图 4-1 各地区金融相关率变化趋势

数据来源:据《中国金融年鉴》各期、《新中国五十五年统计资料汇编》整理所得。

对于金融中介机构布局，东、中、西部地区也呈现出非均衡性。四大国有商业银行总行设立在北京，其分支机构也主要集中在东部沿海地区。1998 年各大银行分支机构进行了一次大调整，许多分支机构从基层县域撤出，同时向东部沿海发达地区集中。1994 年，中国建设银行在东部的分支机构占比 41.6%，到 1998 年这一比例上升到 42.1%，2011 年这一比例更是上升到了 46%，中西部地区所占比例持续减少。到 2011 年，中国工商银行在东部地区共设立分支机构 12476 个，平均每百万人拥有分支机构数大约 26 个；在中部地区共有分支机构 8244 个，平均每百万人拥有分支机构约 18 个；在西部地区共有分支机构 6904 个，平均每百万人拥有分支机构数为 15 个。[①] 东部地区金融机构无论从绝对数还是人均占有的相对数上都高于中部和西部地区。

中国各地区直接融资比率也存在较大差异，上市公司的数量可以从侧面反映直接融资的情况。中西部区域资本市场发育滞后，市场配置资源功能的弱化，不仅使区域间金融发展呈现出差异性，而且进一步加剧了区域经济发展的差距。从表 4-2 中我们可以看到，在沪深两地上市的公司中，东部地区占到总上市公司的 65.18%，中部占 19.98%，而西部地区仅占到 14.84%。上市公司中总市值排名前十位的公司基本都分布在东部沿海地区，仅上海和广东两地区上市公司就占到全部上市公司的20.7%。无论是从绝对数量还是相对数量上，东部地区

① 根据《中国金融统计年鉴(2012)》相关数据整理所得。

上市公司数量都远超过了中西部地区，并且这样的差距还在继续拉大。另外，负责提供证券融资服务的证券公司数量，东、中、西部区域也存在差距。截至 2009 年，东部区域拥有 95 家证券公司，占全国的 64.29%，拥有注册资本占全国证券公司总资本的 74.82%。

表 4-2　2011 年年末境内上市公司地区分布

	上交所	深交所	总计	占比
东部地区	542	538	1080	65.18%
中部地区	171	160	331	19.98%
西部地区	127	119	246	14.84%

数据来源:《中国证券期货统计年鉴(2012)》。

保险业发展也呈现出区域非均衡性。保险密度和保险深度是衡量保险业发展的两类重要指标，保险密度是按常住人口计算的人均保费收入。由图 4-2 可见，中国保险密度区域差距巨大，2009 年东部地区的保险密度达到了 1654.38 元，中部地区为 616.68 元，而西部地区为 514.57 元，东部地区保险密度是西部地区的 3 倍多；东部地区的北京、上海、天津保险密度远大于其他省份，2009 年上海保险密度为 4821.19 元，而西藏仅为 138.13 元。东部地区近几年保险市场发展迅速，而中西部地区发展缓慢，东、中、西部之间保险密度差距持续拉大。

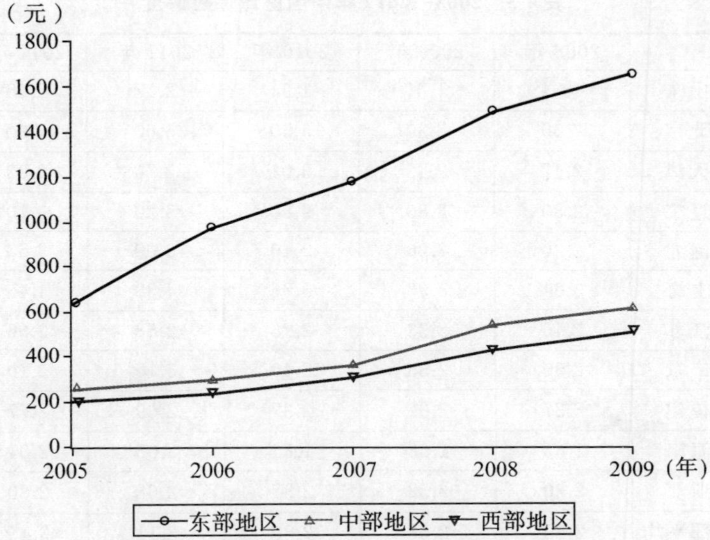

图 4-2 保险密度变化趋势

数据来源：《中国金融年鉴(2012)》。

保险深度是指保费收入占地区总产值的比例，该指标能在一定程度上衡量保险对国民经济发展的作用。表 4-3 和图 4-3 说明，中国保险深度也具有较强的区域差异，东部地区保险深度要高于中西部地区，但是保险深度的差距并没有保险密度那么大。2009 年东部保险深度为 2.68，而中西部地区分别为2.31 和 2.11。2010—2011 年，区域保险深度呈现出新趋势，中部地区保险深度迅速上升，与东部地区的保险深度差距缩小，西部地区的保险深度也有所增长，但与中、东部相比仍有不小差距。

表 4-3　2008—2012 年中国区域保险深度

	2008 年	2009 年	2010 年	2011 年	2012 年
山东	1.84	1.81	1.94	2.17	2.35
北京	7.30	5.30	5.50	5.60	5.90
天津	2.47	2.42	3.01	2.76	2.02
辽宁	2.80	2.80	2.80	3.20	3.10
河北	2.20	2.20	2.40	3.00	3.53
上海	3.64	3.93	3.96	4.38	4.46
江苏	2.40	2.33	2.26	2.58	2.66
广东	2.30	2.33	2.40	3.15	3.10
福建	2.27	2.32	2.37	2.69	2.77
海南	1.65	1.68	1.84	2.05	2.01
浙江	2.30	2.32	2.37	2.68	2.80
东部平均	**2.83**	**2.68**	**2.80**	**3.11**	**3.15**
湖北	2.20	2.10	2.12	2.80	2.91
湖南	1.96	1.97	2.20	2.80	2.69
河南	2.03	2.02	2.20	3.00	3.00
安徽	2.48	2.68	2.75	3.34	3.55
吉林	2.09	2.13	2.34	2.58	3.00
黑龙江	2.40	2.50	2.20	3.00	3.20
山西	2.96	2.97	3.17	3.73	3.93
江西	2.20	2.13	2.10	2.64	2.71
中部平均	**2.29**	**2.31**	**2.39**	**2.99**	**2.72**
内蒙古	1.60	1.15	1.62	1.86	1.76
宁夏	2.60	2.71	2.70	2.89	2.94
新疆	2.78	2.83	3.10	3.68	3.67
四川	2.56	2.78	3.20	3.95	4.09
陕西	2.65	2.65	2.80	3.20	3.00

续表

	2008 年	2009 年	2010 年	2011 年	2012 年
甘肃	2.50	2.52	2.63	3.00	3.10
西藏	0.63	0.67	0.78	0.82	0.91
青海	1.44	1.38	1.43	1.46	1.80
贵州	2.10	2.20	2.20	2.40	2.50
云南	1.82	2.13	2.36	2.90	2.92
广西	1.80	1.68	1.70	1.90	1.90
重庆	2.36	2.67	3.03	3.94	3.75
西部平均	2.07	2.11	2.30	2.67	2.44

数据来源:《中国金融年鉴(2012)》。

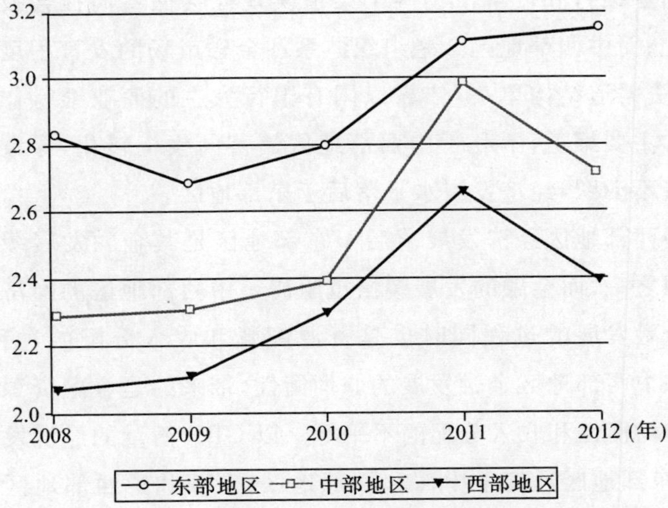

图 4-3　保险深度变化趋势

以上是从银行、证券、保险三个层面分析中国区域金融发展的非均衡性，可以看出，无论哪个层次，东、中、西部之间都发展不均衡，东部地区无论是金融规模还是金融效率都要高于中西部地区。中国区域金融发展的非均衡性的原因之一是，改革开放以来政府实施经济非均衡发展战略，支持东部沿海地区建立经济特区和开放城市，从中央和地方两级层面上给予了政策支持。东部地区各项投资增长迅速，金融资源加速流出中西部地区并在东部省份逐渐积聚。东、中、西部之间经济差距拉大的同时金融发展差距也在扩大。原因之二是，东部地区金融组织体系和金融市场相对完善，货币政策传导渠道相对高效，可通过商业银行和资本市场两个渠道实现社会储蓄向社会投资的转化；而中西部地区金融组织体系和金融市场的发育程度较低，融资渠道结构单一，依靠以国有银行为主的商业银行作为融资的主要渠道，不利于中西部地区储蓄向投资转化，导致社会投资不活跃，经济发展水平落后于东部地区。

中西部地区经济发展落后于东部地区是其金融发展缓慢的原因之一，而金融的发展缓慢也阻碍了中西部地区的经济发展。金融发展的过程同时也是资源配置和收入分配的过程。东部和中西部地区金融发展的非均衡性，带来的是金融资源配置的非均衡性和收入分配的不平等。以 GDP 衡量的经济发展成果，东部地区远高于中部和西部地区，东部和中西部地区在人均 GDP 水平上也存在较大差距。我们在后续的章节中将进一步从实证方面去考察区域金融发展的非均衡性对收入分配的影响。

4.1.2　中国金融发展的城乡非均衡性

改革开放之前尤其是新中国成立之初，政府基于内外部经济政治环境的约束，受苏联模式的影响，选择了优先发展重工业的战略，以期迅速实现现代化，化解内外交困的经济政治局面。在资源配置上也是将全国资源优先配置给重工业；在金融制度安排方面，采取的是国有垄断金融产权的形式，以保证作为核心的重工业及时获得资源。各金融部门实际上仅仅扮演着国有企业资金供给配套单位的角色，并不具有面向市场的独立经营权，在很大程度上行使的是一部分政府财政职能。为了有效利用农村经济资源，这种内生于经济发展战略的财政性金融自然要延伸到农村，使农村金融服务于计划经济体制和经济发展战略，金融部门因此成为国家控制下的向工业和城市输送农村经济资源与剩余的管道。[①]

改革开放之后，国家行政配置资源的功能逐渐弱化，转而以市场作为配置资源的主要手段。虽然改革开始于农村，但是城市经济的改革进度远远超过了农村。农业作为基础产业，在整个经济链条中处于底层地位，加上农业的先天弱质性和高风险性，使得以追逐利润为目的的金融资源大范围抛弃农村。资金、金融机构等金融资源在市场经济的导向下纷纷涌向利润更丰厚、风险更小的城市，城乡金融二元性特征形成。

城市金融改革发展快速，农村金融改革发展滞后，城乡金

① 张杰.中国金融制度的结构与变迁[M].中国人民大学出版社，1998：58-59.

融存在八大不平衡:改革进度不平衡、资金投入不平衡、网点覆盖不平衡、业务发展不平衡、风险程度不平衡、人员素质不平衡、管理水平不平衡、经营环境不平衡。①

经济增长需要投入的生产要素包括劳动、资本和技术,其中资本的形成是经济增长的重要引擎。资本形成一方面依靠以储蓄为主的内源性融资,一方面是以外部投资为主的外源性融资。中国金融体系是以商业银行为中介的间接金融作为主要的融资方式,内源性融资的资本形成主要依靠商业银行吸收存款和发放贷款的方式实现,城乡存款和贷款相关数据能从一方面反映出城乡金融非均衡发展的特性。

由表 4-4 和图 4-4 可以看出,自 1978 年改革开放以来,城乡存款规模增长迅速,城镇存款总额从 1978 年的 930.10 亿元,增长到 2009 年的 547007.17 亿元,增长了近 588 倍;农村存款总额从 1978 年的 320.40 亿元,增长到 2009 年的 50733.93 亿元,增长了近 158 倍。但城乡存款规模增长表现出明显的不平衡,城镇存款规模增长速度远远超过了农村存款的增长速度,城乡存款规模在 1978 年的绝度差额为 609.70 亿元,到 2009 年绝对差额达到了 496273.24 亿元;从相对差额来看,城乡存款规模从 1978 年的不足 3 倍发展到 2009 年的近 11 倍,城乡存款规模存在巨大差异,城乡存款规模的增长极不平衡。

---

① 唐双宁.城乡金融发展的八大不平衡[N].人民日报,2006-07-30.

表 4-4　中国 1978—2011 年城乡存款差异

	存款总额（亿元）	城镇存款（亿元）	农村存款（亿元）	城乡存款差异	
				城镇存款－农村存款（亿元）	城镇存款/农村存款
1978	1250.50	930.10	320.40	609.70	2.90
1979	1558.10	1138.50	419.60	718.90	2.71
1980	1933.20	1321.10	612.10	709.00	2.16
1981	2355.20	1757.20	598.00	1159.20	2.94
1982	2759.80	2040.00	719.80	1320.20	2.83
1983	3276.00	2397.30	878.70	1518.60	2.73
1984	4208.80	3211.50	997.30	2214.20	3.22
1985	4989.80	3815.30	1174.50	2640.80	3.25
1986	6317.00	4795.10	1521.90	3273.20	3.15
1987	7742.20	5890.70	1851.50	4039.20	3.18
1988	8825.60	6756.20	2069.40	4686.80	3.26
1989	10786.20	9034.00	1752.20	7281.80	5.16
1990	14012.60	11777.90	2234.70	9543.20	5.27
1991	18079.00	15112.70	2966.30	12146.40	5.09
1992	23468.00	19651.90	3816.10	15835.80	5.15
1993	29627.00	24977.20	4649.80	20327.40	5.37
1994	40502.50	34623.30	5879.20	28744.10	5.89
1995	53882.10	46490.30	7391.80	39098.50	6.29
1996	68595.60	59561.00	9034.60	50526.40	6.59

续表

	存款总额（亿元）	城镇存款（亿元）	农村存款（亿元）	城乡存款差异	
				城镇存款－农村存款（亿元）	城镇存款/农村存款
1997	82390.30	71725.10	10665.20	61059.90	6.73
1998	95697.90	83508.90	12189.00	71319.90	6.85
1999	108778.90	95435.30	13343.60	82091.70	7.15
2000	123804.40	108806.20	14998.20	93808.00	7.25
2001	143617.20	126712.50	16904.70	109807.80	7.50
2002	170917.40	151747.40	19170.00	132577.40	7.92
2003	208055.60	184979.60	23076.00	161903.60	8.02
2004	241424.30	215131.80	26292.50	188839.30	8.18
2005	287169.90	256359.70	30810.15	225549.55	8.32
2006	335459.78	299240.64	36219.14	263021.50	8.26
2007	389371.15	347037.45	42333.70	304703.75	8.20
2008	466203.32	414250.12	51953.20	362296.92	7.97
2009	597741.10	547007.17	50733.93	496273.24	10.78
2010	663112.86	604511.90	58600.96	545910.94	10.32
2011	749480.45	685563.10	63917.35	621645.75	10.73

注：1.鉴于统计制度的变化，农村存款 1989 年以前按照国家银行农业存款＋农村信用社全部存款计算，从 1989 年起按金融机构农业存款＋农户储蓄存款计算。

2.表中的城镇存款＝存款总额—农村存款。

3.数据来源：《中国金融年鉴》各期、《中国统计年鉴(2012)》。

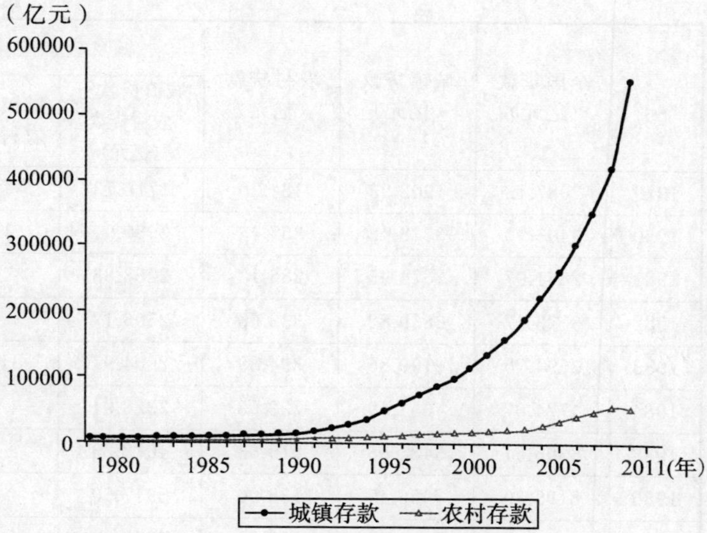

图 4-4 1978—2011 年城乡存款差距变动趋势

数据来源:《中国金融年鉴》各期、《中国统计年鉴(2012)》。

由表 4-5 和图 4-5 可以看出,尽管城乡贷款都呈上升趋势,但是城镇贷款规模上升速度明显快于农村。从城乡贷款差距看,在改革开放的前 10 年,这种差距有下降的趋势,但是进入 20 世纪 90 年代后,这种差距又呈现上升势头。

表 4-5 中国 1978—2011 年城乡贷款差异

	全国贷款(亿元)	城镇贷款(亿元)	农村贷款(亿元)	城乡贷款差异	
				城镇贷款－农村贷款(亿元)	城镇贷款/农村贷款
1978	1895.10	1734.40	160.70	1573.70	10.8

续表

	全国贷款（亿元）	城镇贷款（亿元）	农村贷款（亿元）	城乡贷款差异	
				城镇贷款—农村贷款（亿元）	城镇贷款/农村贷款
1979	2087.13	1902.93	184.20	1718.73	10.3
1980	3495.90	3238.42	257.48	2980.94	12.6
1981	2861.07	2574.95	286.12	2288.83	9.0
1982	3173.47	2839.82	333.65	2506.17	8.5
1983	3594.75	3199.86	394.89	2804.97	8.1
1984	4774.07	4051.49	722.58	3328.91	5.6
1985	6305.51	5488.88	816.63	4672.25	6.7
1986	8195.30	7056.40	1138.90	5917.50	6.2
1987	9803.90	8346.70	1457.20	6889.50	5.7
1988	11459.90	9737.10	1722.80	8014.30	5.7
1989	14360.10	12472.00	1888.10	10583.90	6.6
1990	17680.70	15421.60	2259.10	13162.50	6.8
1991	21344.90	18629.40	2715.50	15913.90	6.9
1992	26344.90	22842.20	3502.70	19339.50	6.5
1993	32941.10	28594.90	4346.20	24248.70	6.6
1994	39976.00	35351.90	4624.10	30727.80	7.6
1995	50544.10	44884.50	5659.60	39224.90	7.9
1996	61156.60	54814.50	6342.10	48472.40	8.6
1997	74914.10	66412.50	8501.60	57910.90	7.8
1998	86524.10	76569.90	9954.20	66615.70	7.7
1999	93734.30	82780.60	10953.70	71826.90	7.6

续表

	全国贷款（亿元）	城镇贷款（亿元）	农村贷款（亿元）	城乡贷款差异	
				城镇贷款－农村贷款（亿元）	城镇贷款/农村贷款
2000	99371.10	88421.30	10949.80	77471.50	8.1
2001	112314.70	100190.20	12124.50	88065.70	8.3
2002	131293.90	117597.00	13696.90	103900.10	8.6
2003	158996.20	142923.30	16072.90	126850.40	8.9
2004	178197.80	160285.50	17912.30	142373.20	8.9
2005	194690.40	175258.70	19431.70	155827.00	9.0
2006	225347.20	205917.00	19430.20	186486.80	10.6
2007	261690.88	239148.93	22541.95	216606.98	10.6
2008	303467.77	278384.68	25083.09	253301.59	11.1
2009	399684.82	369033.02	30651.80	338381.22	12.0
2010	495901.91	459681.40	36220.51	423460.89	12.7
2011	592118.92	550329.70	41789.22	508540.48	13.2

注：1.鉴于统计制度的变化，农村贷款 1989 年以前按照国家银行农业贷款＋农村信用社全部贷款计算，从 1989 年起按金融机构农业贷款＋乡镇企业贷款计算。

2.金融机构包括中国人民银行、政策性银行、国有商业银行、其他商业银行、城市商业银行、农村商业银行、农村合作银行、城市信用社、农村信用社、信托投资公司、外资金融机构、邮政储蓄银行、财务公司、信托租赁公司、村镇银行、汽车金融公司。

3.表中的城镇贷款＝全国贷款—农村贷款。

4.数据来源：《中国金融年鉴》各期、《中国统计年鉴（2012）》。

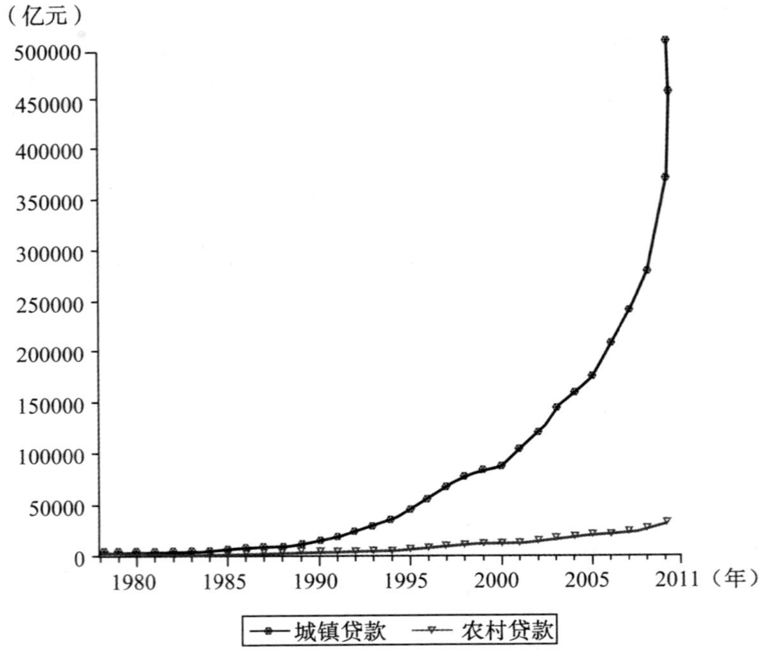

图 4-5　1978—2011 年城乡贷款差距变动趋势

数据来源:《中国金融年鉴》各期、《中国统计年鉴(2012)》。

图 4-6 是城镇贷款额与农村贷款额分别占年度总贷款额的比重。我们可以看到,城镇贷款在总贷款中的比重除了 1984 年、1987 年、1988 年稍有下降外,大多数年份都在 86%以上。从城乡资金的来源及运用来看,城乡之间贷款差距巨大,而且这种差距还有不断扩张的趋势,说明城乡之间在资金使用量方面呈现出了"二元结构",且这种"二元结构"的强度在不断增加。

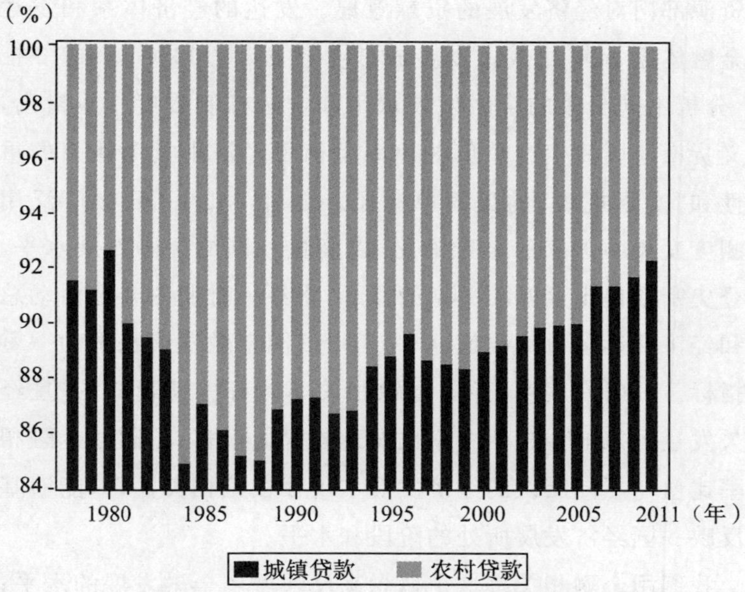

图 4-6　1978—2011 年城乡贷款占比情况

数据来源:《中国金融年鉴》各期、《中国统计年鉴(2012)》。

经济货币化过程是指一国国民经济中全部商品和劳务的交换、分配过程以货币为媒介所占比重的提高过程和趋势。而经济金融化作为经济货币化的延伸和发展,是一国国民经济中货币及非货币性金融工具总值与经济产出总值比率的提高过程和趋势。正如前面章节提到的,经济金融化过程是经济和金融结合的过程,经济发展需要资源的支撑,金融发挥了配置资源的重要功能,为经济发展提供了条件。而经济的金融化使得经济发展所得效益能够被各资源供给部门分享,进一步增强了各资源部门对经济发展的贡献意愿。发达的经济体系和发达的金融体系相辅相成。麦金农较早使用了M2/GDP这一指标,分析不同国家的金融发展水平和金融抑制程度。他指出,广义货币与国民生产总值的比率是衡量经济中货币体系的重要性和“实际规模”的最简单标尺。之后,M2/GDP被广泛用于测度发展中国家的金融深化,以衡量一国的金融发展水平。戈登史密斯提出金融相关率的概念,将某一时期内金融活动总量和经济活动总量的比值,作为衡量该国金融发展水平的一重要指标。其研究表明,各国金融相关率确有提高趋势,并且经济欠发达国家的金融相关率比发达国家低很多,不同的金融相关率比值与不同层次的经济发展水平存在正相关关系,能够基本反映一国经济发展所处的阶段和水平。

我们用金融相关率这个概念来反映城乡金融发展的水平;用城乡金融资产与城乡GDP的比值来表示金融相关率(FIR),其中农村金融资产主要包括现金、存款和贷款,城镇金融资产主要有现金、存款、贷款、债券、股票。表4-6是中国城乡金融相关率的有关数据,从中我们可以看出,以FIR度量的农村金融发展水平呈现上升趋势,农村金融资产的扩张速度快于农村GDP的增速。1978年农村FIR为0.51,1992年达到了1.01,接下来的几年稍有回落,但从1997年起又呈现增长趋势,到2008年农村FIR达到了1.09左右。农村FIR的增长归因于农村经济的增长和农村金融体制改革以及农村金融体系的逐步建立,尤其国家逐步加大了对农村经济投资力度和政策倾斜力度,农民收入增速提高,农村金融资产的总量增长显著。与农村相比，城镇 FIR 则基本处于攀升的趋势，从 1978 年的1.07 上升到了 2009 年的 6.29。城镇金融资产的扩张速度十分迅猛，金融相关率所反映的城乡金融发展水平差距巨大。

表 4-6　城乡金融相关率(FIR)

	城镇金融资产总量(万亿元)	城镇 GDP(万亿元)	城镇 FIR	农村金融资产总量(万亿元)	农村 GDP(万亿元)	农村 FIR
1978	2567.00	2397.40	1.07	629.50	1226.70	0.51
1979	2855.20	2532.50	1.13	791.20	1505.70	0.53
1980	3309.78	2927.10	1.13	1111.92	1644.70	0.68
1981	4122.34	2932.00	1.41	1161.56	1928.30	0.60
1982	4628.77	3060.10	1.51	1360.83	2241.70	0.61
1983	5263.86	3419.10	1.54	1644.44	2538.30	0.65
1984	6822.63	4236.30	1.61	2274.47	2970.40	0.77
1985	8377.46	5675.20	1.48	2683.04	3313.90	0.81
1986	11051.31	6337.50	1.74	3514.43	3863.90	0.91
1987	13239.04	7322.50	1.81	4327.84	4632.00	0.93
1988	15697.60	9335.80	1.68	5287.18	5586.50	0.95
1989	23336.66	10606.60	2.20	5282.41	6311.20	0.84
1990	29999.66	11077.10	2.71	6346.78	7521.30	0.84
1991	37806.33	13401.70	2.82	7910.81	8260.80	0.96
1992	49243.52	16366.60	3.01	10362.17	10285.30	1.01

续表

	城镇金融资产总量（万亿元）	城镇 GDP（万亿元）	城镇 FIR	农村金融资产总量（万亿元）	农村 GDP（万亿元）	农村 FIR
1993	63496.52	19672.40	3.23	13109.78	14888.10	0.88
1994	80977.52	26284.80	3.08	15611.68	20385.20	0.77
1995	104467.33	30906.70	3.38	18576.07	26588.20	0.70
1996	136458.01	35347.00	3.86	21552.43	31503.50	0.68
1997	170169.53	38191.20	4.46	26299.77	34951.50	0.75
1998	200007.24	40228.30	4.97	29996.12	36738.90	0.82
1999	229134.89	41224.80	5.56	33723.62	39354.60	0.86
2000	273606.72	46469.60	5.89	36211.59	41784.40	0.87
2001	303980.97	50959.70	5.97	40021.24	44768.20	0.89
2002	347762.31	55432.20	6.27	44968.29	48503.10	0.93
2003	427777.47	62713.50	6.82	52983.93	54027.70	0.98
2004	463681.07	73813.50	6.28	59240.53	62770.80	0.94
2005	524672.44	108716.60	4.83	67074.86	73604.40	0.91
2006	665432.78	129929.00	5.12	77307.42	81995.00	0.94
2007	1012789.49	177159.60	5.72	89175.81	80146.00	1.11
2008	929859.91	218085.40	4.26	104411.49	95960.00	1.09
2009	1305939.47	207626.90	6.29	111982.53	127726.00	0.88
2010	1376012.94	231424.60	5.99	124663.30	148857.30	0.80

续表

	城镇金融资产总量（万亿元）	城镇 GDP（万亿元）	城镇 FIR	农村金融资产总量（万亿元）	农村 GDP（万亿元）	农村 FIR
2011	1522587.92	246658.30	6.28	136066.69	172647.30	0.69

注：1.农村 GDP＝第一产业 GDP＋乡镇企业增加值。

2.农村金融资产由农村现金流通量、农村存贷款余额构成。

3.由于没有农村 M0 的统计资料，按照有关研究，农村现金流通量约占全国现金流通量的 70%，根据全国 M0 的 70%估算得到农村 M0。

4.由于统计制度的变化，农村存款从 1989 年起按金融机构农业存款＋农户储蓄计算。

5.数据来源：根据《中国统计年鉴（2012）》《中国农村统计年鉴（2012）》《中国工会统计年鉴（2010）》相关数据整理。

4.2　中国收入分配差距的总体特征

4.2.1　中国收入分配格局变化

所谓收入分配，是指国民收入在国家、企业、居民之间的分配，是价值在各要素之间的分配。中国收入分配的格局变化基本可以分为两个阶段：第一阶段是改革开放之前以计划为主的分配格局，第二阶段是改革开放后以市场为主的分配格局。改革开放之前，在坚持社会主义按劳分配原则时，存在着平均主义、吃“大锅饭”的倾向，相对更加注重收入分配的公平化，避免了收入差距的扩大，但也因缺乏激励机制和内生发展的动力，最终造成了资源配置和经济运行的低效率。改革开放之后，特别是社会主义市场经济体制的确立，形成了以市场为主导的资源配置方式，收入分配上的平均主义被逐渐打破。经济体制的转变大大提高了效率，促进了经济总量的急速增加，中国收入分配格局发生了迅速和深刻的变化。1978—2011年，中国居民收入持续增长，居民生活水平大大改善，在解决了温饱问题后向着全面建设小康社会的方向前进。具体来看，1978年中国城镇人均可支配收入与农村居民人均纯收入分别为343.3元和133.6元，2009年这两项指标分别增加到17174.7元和5153.2元，城镇居民和农民收入水平都呈现了快速增长的趋势(见表4-7)。

表4-7　城乡居民可支配收入及恩格尔系数

	城镇家庭人均可支配收入(元)	农村家庭人均纯收入(元)	城镇家庭恩格尔系数(%)	农村家庭恩格尔系数(%)
1978	343.3	133.6	57.5	67.7
1980	477.6	191.3	56.9	61.8
1985	739.1	397.6	53.3	57.8
1990	1510.2	686.3	54.2	58.8
1991	1700.6	708.6	53.8	57.6
1992	2026.6	784.0	53.0	57.6
1993	2577.4	921.6	50.3	58.1
1994	3496.2	1221.0	50.0	58.9
1995	4283.0	1577.7	50.1	58.6
1996	4828.9	1926.1	48.8	56.3
1997	5160.3	2090.1	46.6	55.1
1998	5425.1	2162.0	44.7	53.4

续表

	城镇家庭人均可支配收入(元)	农村家庭人均纯收入(元)	城镇家庭恩格尔系数(%)	农村家庭恩格尔系数(%)
1999	5840.0	2210.3	42.1	52.6
2000	6280.0	2253.4	39.4	49.1
2001	6859.6	2366.4	38.2	47.7
2002	7702.8	2475.6	37.7	46.2
2003	8472.2	2622.2	37.1	45.6
2004	9421.6	2936.4	37.7	47.2
2005	10493.0	3254.9	36.7	45.5
2006	11759.5	3587.0	35.8	43.0
2007	13785.8	4140.4	36.3	43.1
2008	15780.8	4760.6	37.9	43.7
2009	17174.7	5153.2	36.5	41.0
2010	19109.0	5919.0	35.4	40.2
2011	21810.0	6979.0	34.7	39.7

数据来源:《中国统计年鉴(2012)》。

收入增长的同时,城镇居民和农村居民的生活水平也逐步提高。恩格尔系数一般被用来评价社会福利水平,其含义是食物等必需品支出在总支出中所占的比重,数值越大,说明这个地区的居民生活水平和社会福利水平越低。这一时期,中国城镇和农村居民的恩格尔系数均呈现出下降的趋势,这意味着中国居民社会福利水平在稳步提升。在收入分配领域也经历了从传统单一的按劳分配体制向以按劳分配为主体、多种生产要素共同参与分配的收入分配格局的转变。但在收入提高、生活水平改善的同时,居民收入分配问题也日渐突出,主要表现为收入差距扩大和收入分配不公平问题。在改革开放之初，城乡居民收入分配差距在短时间内出现了暂时缩小的情况，但随着经济改革进入80年代中后期，收入分配差距出现了持续扩大的趋势，虽然在此之后也出现了短时期的回落，但收入分配差距持续扩大的趋势并没有被逆转。

基尼系数是20世纪初意大利经济学家基尼根据洛伦兹曲线所定义的判断收入分配公平程度的指标，其数值在0和1之间，是国际上用来综合考察居民内部收入分配差异状况的一个重要分析指标。据世界银行的有关估计，中国基尼系数在1978年是0.31，而到2004年基尼系数上升到了0.47[①]，已经超过了国际警戒线0.4的水平，持续扩大的收入分配差距隐藏着巨大的社会危机，值得社会和政府的高度重视。中国收入分配差距从宏观上可以分为城乡收入差距、地区收入差距，接下来我们将分别考察这些收入分配差距以及金融发展在收入分配中所起到的作用。

4.2.2 中国城乡收入分配差距

收入分配主要包括城乡、区域、行业和群体几个要素，其中城乡收入分配差距是中国收入分配差距中最重要的要素。世界银行曾对中国的收入分配差距做过分析，指出在中国总体收入分配差距中至少一半可以用城乡收入差距来解释。万广华的研究认为，大约70%—80%的收入不平等可以用城乡差异来解释，

① 2004年后国家统计局不再公布基尼系数数据，其后年份的基尼系数一般为学者估算所得。

只有 20%—30%的收入不平等是由城市内部和农村内部的地区间不平等引起的，因而城乡收入差距是中国收入分配不平等的主导因素。[①] 改革开放之初，中国城市人均可支配收入是农村人均纯收入的 2.5 倍，而到 2011 年该比率扩大到了近 3.2 倍。胡金焱、卢立香研究指出，如果把城镇居民的医疗补贴、教育补贴、失业保险等因素考虑在内，城乡收入差距将会更大。[②]

从图 4-7 中可以看出，中国城乡收入差距变动趋势呈现阶段性特征。

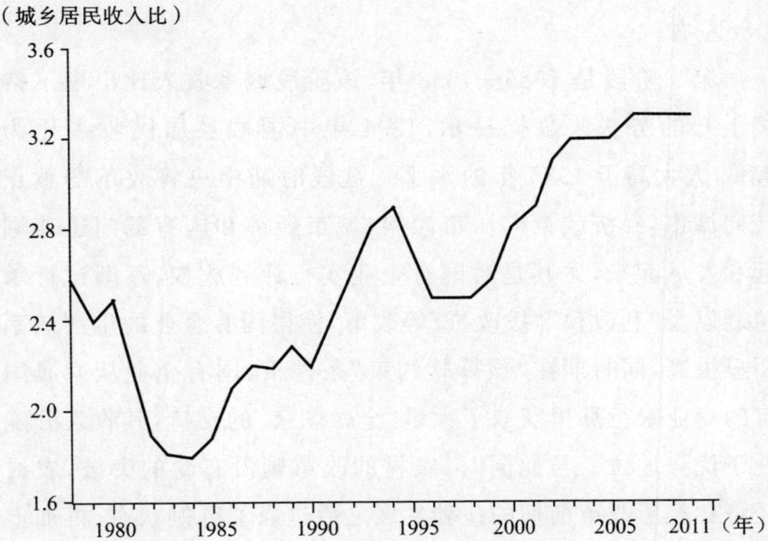

图 4-7　城乡居民收入差距变动趋势

数据来源：根据《中国统计年鉴(2012)》相关数据计算所得。

① 万广华.收入增长与不平等对我国贫困的影响[J]. 经济研究，2006(6)：12-15.

② 胡金焱，卢立香.地区金融发展与城乡收入差距的内应：1986-2007 [J]. 改革，2009(2)：81-87.

第一阶段是1978—1985年，收入差距呈现缩小态势。随着改革开放政策的实施，农村推行家庭联产承包责任改革，解决了原有体制下存在的很多矛盾，广大人民群众的生产积极性和创造力被充分调动起来，生产效率大大提高，农村居民收入迅速增长。在农村各项改革如火如荼进行的同时，城市各项改革尚处于试点阶段，国家仍保留着对非国有工业部门的控制，城市经济潜力未能充分挖掘出来。这段时期是中国城乡居民收入差距缩小的时期，到1985年城乡居民收入比降低到了1.86左右。

第二阶段是1985—1993年，该阶段城乡收入比出现了持续上升的势头。数据显示，1994年中国城乡居民收入比为2.86，大大高于1985年的水平。这段时期中央将改革的重点转向城市，经济政策向城市倾斜，城市经济和国有部门迅速崛起和发展起来，尤其是对国有企业实行让利放权，逐渐试行承包制以及"利改税""拨改贷"等改革，使得国有企业的生产效率明显提高，同时期在"预算软约束"条件下，国有企业从同属国有的商业银行那里获取了大量"金融剩余"的支持，其收入分配处于优势地位。与此同时，农村的改革则没有新的突破，农村经济在经历改革前期的蓬勃发展之后进入了徘徊状态，再加上生产资料价格的大幅上涨，抑制了农民收入的增长，城乡收入差距不断拉大。

1994—1997年是城乡居民收入变化趋势的第三个阶段，在此期间城乡居民收入差距出现了短暂下降。究其原因，一方面是中央实施区域平衡发展政策，发展重点向中部和西部延伸，一系列有利政策向内陆和农村倾斜；另一方面是非国有经济的迅速发展，尤其是乡镇企业异军突起，改善了城乡二元经济结构，乡镇企业不但创造了农村增加值，更为农民提供了非农就业机会，非农收入增加了农民的收入。此阶段农产品价格相对提升，再加上农业政策的优惠保护，均有利于提高农业经济发展水平和农村居民收入。与此同时，城市中国有企业改革步伐加快，国有企业减员增效造成大量工人下岗，再加上当时宏观经济不景气，城市居民收入的上涨速度明显放缓，城乡居民收入差距出现第二次短暂缩小。1997 年东南亚金融危机使得城市中出口导向型企业受到较大影响，城镇居民收入受影响较大，城乡居民收入差距比下降到了 2.4 左右。

1998—2011 年是城乡收入差距迅速扩大时期。由于粮食价格增长缓慢，乡镇企业的发展也遇到瓶颈，且受国际经济危机冲击后，内需不足导致出口部门生产发展缓慢，而出口部门多是劳动力密集行业，外部冲击使得其吸纳劳动力能力有限，从而农民卖粮难、就业难、增收难问题相继出现。1998—2001 年，农民人均纯收入增长连续 4 年出现下滑，凸显了农民收入增长基础薄弱问题。而在城市，随着国企改革的进一步深化，外资经济进一步强化，特别是在我国加入 WTO 后，经济发展的城市化倾向更加明显，配合国家战略的各种先进技术、资金以及其他资源纷纷涌入工业部门。房地产价格迅速上升，进一步加剧了社会财富分配的不平等程度，资本收益超过劳动收益，垄断行业收益超过竞争行业收益，城市部门收益超过农村部门收益。

从城乡居民收入差距的构成来看(见表 4-8),总差距从 1993 年的 1661.54 元扩大到 2010 年的 15114.41 元,扩大了近十倍。其中工薪收入差距是总差距的主要来源,1993—2004 年工薪收入差距超过了总收入差距,2000 年达到了最高点 1.24。2005—2011 年这个比值逐渐下降,但是工薪收入差距的绝对额却是逐年上升。在收入差距中,转移性收入是影响收入差距的第二大因素。转移性收入差距从 1993 年的 284.14 元、占比 17%,上升到了 2010 年的 4638.98 元、占比 31%。从表 4-8来看,似乎财产性收入差距并不是城乡居民收入差距的主要来源,但是并不能否认由于城镇居民具有比农村居民更多的投资渠道,城镇金融市场比农村金融市场更发达,因而城镇居民财产性收入的来源比农村居民更广泛。值得一提的是,由于农村居民具有自雇佣的性质,统计上将农村居民自我生产的收入归于经营性收入,因此农村居民的经营性收入比城镇居民要高,这部分缩小了城乡居民的收入分配差距。

表 4-8　1993—2011 年中国城乡居民收入差距构成

	总差距(元)	差距来源				差距比值			
		工薪收入(元)	经营净收入(元)	财产性收入(元)	转移性收入(元)	工薪收入	经营净收入	财产性收入	转移性收入
1993	1661.54	1909.02	−570.40	38.78	284.14	1.15	−0.34	0.02	0.17
1994	2281.33	2557.31	−743.01	40.28	426.75	1.12	−0.33	0.02	0.19
1995	2701.28	3036.51	−1053.17	49.45	668.49	1.12	−0.39	0.02	0.25

续表

	总差距（元）	差距来源				差距比值			
		工薪收入（元）	经营净收入（元）	财产性收入（元）	转移性收入（元）	工薪收入	经营净收入	财产性收入	转移性收入
1996	2918.71	3449.86	－1190.77	69.39	590.23	1.18	－0.41	0.02	0.20
1997	3098.41	3594.68	－1274.66	100.78	677.61	1.16	－0.41	0.03	0.22
1998	3296.36	3662.40	－1255.50	102.50	786.96	1.11	－0.38	0.03	0.24
1999	3678.43	3866.90	－1442.57	97.10	1157.00	1.05	－0.39	0.03	0.31
2000	3229.02	4018.12	－1995.12	83.34	1122.68	1.24	－0.62	0.03	0.35
2001	3600.17	4326.73	－2013.78	87.65	1199.57	1.20	－0.56	0.02	0.33
2002	4728.78	4899.74	－2048.35	51.44	1825.95	1.04	－0.43	0.01	0.39
2003	5478.80	5491.84	－2051.14	69.23	1968.87	1.00	－0.37	0.01	0.36
2004	6088.90	6154.30	－2310.64	84.54	2160.70	1.01	－0.38	0.01	0.35
2005	6689.55	6623.01	－2484.81	104.46	2446.89	0.99	－0.37	0.02	0.37
2006	7721.12	7392.16	－2500.39	143.51	2685.84	0.96	－0.32	0.02	0.35
2007	9015.50	8536.54	－2835.98	220.31	3094.63	0.95	－0.31	0.02	0.34
2008	12307.18	9445.26	－982.03	238.92	3605.03	0.77	－0.08	0.02	0.29
2009	13704.92	10320.86	－998.10	264.64	4117.50	0.75	－0.07	0.02	0.30
2010	15114.41	11276.63	－1119.29	318.08	4638.98	0.75	－0.07	0.02	0.31
2011	14831.00	11145.21	－1231.21	465.63	4574.18	0.75	－0.07	0.03	0.31

数据来源：《中国统计年鉴(2012)》《中国农村住户统计年鉴(2011)》。

4.2.3 中国区域收入分配差距

如表 4-9 所示，1978 年，东部地区居民人均收入为 224 元，中部、西部和东北部的居民人均收入分别为 161 元、152 元、226 元，东部、中部、西部、东北地区居民人均收入的比值为 1.47∶1.06∶1∶1.49；东部地区居民人均收入分别为中部和西部的 1.39 倍和 1.47 倍，与东北地区持平。2001 年，东部地区居民人均收入为 6134 元，分别比中部、西部和东北地区高 2825 元、3064 元、2126 元，东部、中部、西部、东北地区居民人均收入的比值为 1.99∶1.07∶1∶1.30，即东部地区分别是中部、西部、东北地区的 1.85 倍、1.99 倍、1.53 倍。到 2009 年，四大地区的居民人均收入分别为 17858 元、8696 元、7441 元和 10227 元，收入水平最高的东部地区是收入最低的西部地区的 2.4 倍，绝对差距达到了 10417 元。改革开放以来，各个地区居民收入都呈现了增长的趋势，但是东部地区的居民收入增长速度明显超过了中部、西部、东北部地区，各地区之间尤其是东部和西部地区之间的居民收入差距进一步扩大。

表 4-9 中国各地区居民人均收入差距

	东部①	中部②	西部③	东北④	地区相对差距			地区绝对差距			
					①/③	②/③	④/③	①－②	①－③	①－④	②－③
1978	224	161	152	226	1.47	1.06	1.49	63	72	－2	9
1979	268	185	179	245	1.50	1.03	1.37	83	89	23	6
1980	302	207	206	298	1.47	1.00	1.45	95	96	4	1
1981	350	251	239	334	1.46	1.05	1.40	99	111	16	12
1982	400	287	280	365	1.43	1.03	1.30	113	120	35	7
1983	443	324	303	459	1.46	1.07	1.51	119	140	－16	21
1984	532	373	343	508	1.55	1.09	1.48	159	189	24	30
1985	625	418	394	530	1.59	1.06	1.35	207	231	95	24
1986	717	443	432	621	1.66	1.03	1.44	274	285	96	11
1987	815	501	475	696	1.72	1.05	1.47	314	340	119	26
1988	959	569	561	806	1.71	1.01	1.44	390	398	153	8
1989	1097	650	617	876	1.78	1.05	1.42	447	480	221	33
1990	1181	715	692	968	1.71	1.03	1.40	466	489	213	23

续表

	东部①	中部②	西部③	东北④	地区相对差距				地区绝对差距		
					①/③	②/③	④/③	①－②	①－③	①－④	②－③
1991	1354	754	761	1083	1.78	0.99	1.42	600	593	271	－7
1992	1580	863	887	1264	1.78	0.97	1.43	717	693	316	－24
1993	1580	1044	1015	1477	1.56	1.03	1.46	536	565	103	29
1994	2044	1447	1338	1962	1.53	1.08	1.47	597	706	82	109
1995	2792	1855	1639	2460	1.70	1.13	1.50	937	1153	332	216
1996	3523	2226	1945	2935	1.81	1.14	1.51	1297	1578	588	281
1997	4123	2455	2144	3146	1.92	1.15	1.47	1668	1979	977	311
1998	4445	2544	2303	3281	1.93	1.10	1.42	1901	2142	1164	241
1999	4680	2803	2565	3450	1.82	1.09	1.35	1877	2115	1230	238
2000	5418	3053	2812	3655	1.93	1.09	1.30	2365	2606	1763	241
2001	6134	3309	3070	4008	2.00	1.08	1.31	2825	3064	2126	239
2002	6748	3665	3364	4504	2.01	1.09	1.34	3083	3384	2244	301
2003	7290	4017	3692	4971	1.97	1.09	1.35	3273	3598	2319	325

续表

	东部①	中部②	西部③	东北④	地区相对差距			地区绝对差距			
					①/③	②/③	④/③	①－②	①－③	①－④	②－③
2004	8093	4573	4177	5634	1.94	1.09	1.35	3520	3916	2459	396
2005	10211	5165	4661	6296	2.19	1.11	1.35	5046	5550	3915	504
2006	11490	5863	5226	7083	2.20	1.12	1.36	5627	6264	4407	637
2007	13077	6973	6173	8206	2.12	1.13	1.33	6104	6904	4871	800
2008	14882	7905	7087	9469	2.10	1.12	1.34	6977	7795	5413	818
2009	17858	8696	7441	10227	2.40	1.17	1.37	9163	10417	7632	1254
2010	18275	9208	8061	10855	2.32	1.16	1.35	9067	10258	7420	1190
2011	19846	9952	8636	11701	2.37	1.17	1.36	9894	11209	8145	1315

数据来源:《中国统计年鉴(2012)》《新中国五十五年统计资料汇编》。

在衡量地区收入差距时经常使用的指标主要包括两大类：绝对差距指标和相对差距指标，具体包括极差、极差比、标准差、基尼系数、变异系数和泰尔指数。由于侧重的角度不同，每种指标都具有各自适用的范围和优缺点。其中泰尔指数由于其较好的可分解性质而被广泛应用到测度地区收入差距。泰尔指数也称“Theil 熵”，最早是由泰尔于 1967 年研究国家之间的收入差距时利用信息理论中的“熵”概念提出来的，它是一个可以按加法分解的不平等系数，把总体差异性分解为各部分间的差异性和各部分内部的差异性，即衡量组间和组内的差距对总差距的贡献度。泰尔指数的计算公式为：

$$T=\sum_{i=1}^{N}(\frac{Y_i}{Y})\mathrm{Log}\frac{Y_i/Y}{P_i/P}$$

其中，Y_i、P_i 分别是 i 地区的收入和人口，Y、P 是全国的总收入和总人口。N 是地区数量，Y_i/Y、P_i/P 分别是 i 地区的收入比重和人口比重。T 测度的是其收入差距，如果 $T=0$ 说明收入分配是相等的，T 越大，说明收入差距越大。如果将人口分成 g 组，则泰尔指数可以记为：

$$T=\sum_{g=1}^{G}P_g\times T_g+\sum_{g=1}^{G}P_g\times\mathrm{Log}\frac{P_g}{V_g}$$

其中，V_g 是第 g 组收入在总收入中的份额，P_g 是第 g 组人口在总人口中的份额，T_g 是第 g 组内各单位的泰尔指数。

泰尔指数具有优良的特性，它不仅可以测度总体收入分配的不平等性，还可以测度内部各个组之间的收入分配不平等性，并通过组内方差和组间方差测度总体内部的差异程度。利用泰尔指数这一特点，将全国总体的收入分配差距分解为区域内的收入分配差距和区域之间的收入分配差距，并且还可以对全国收入差距的变动幅度进行相似的分解分析。

1978—2011 年，中国地区收入差距的变动经历了三个阶段，如图4-8 所示。改革开放之初，全国地区收入差距呈现出先缩小后扩大的趋势。1978—1983 年，用泰尔指数衡量的全国收入分配差距呈现快速下降的趋势，从 1978 年的 0.0455 下降到了 1983 年的 0.0200，随后几年有所上升，逐步增长到 1994 年的 0.0691。1995—1998 年，全国地区收入差距迅速下降，从 1995 年的 0.0649 下降到 1998 年的 0.0537，下降了 17%，这也是地区收入差距迅速缩小的一段时间。从 1999 年开始，泰尔指数再次上升，全国收入差距又开始缓慢拉大，尽管 2005—2008 年泰尔指数稍有下降，但是并没有改变中国地区收入差距扩大的趋势，到 2009 年地区收入泰尔指数已经达到了 0.662。从整个过程来看，中国地区收入分配差距呈现不断扩大的趋势。从图 4-8 中可以看出，收入分配的区域间差距增长趋势要大于区域内的增长趋势，地区之间的收入差距依然是中国收入分配差距的主要因素。

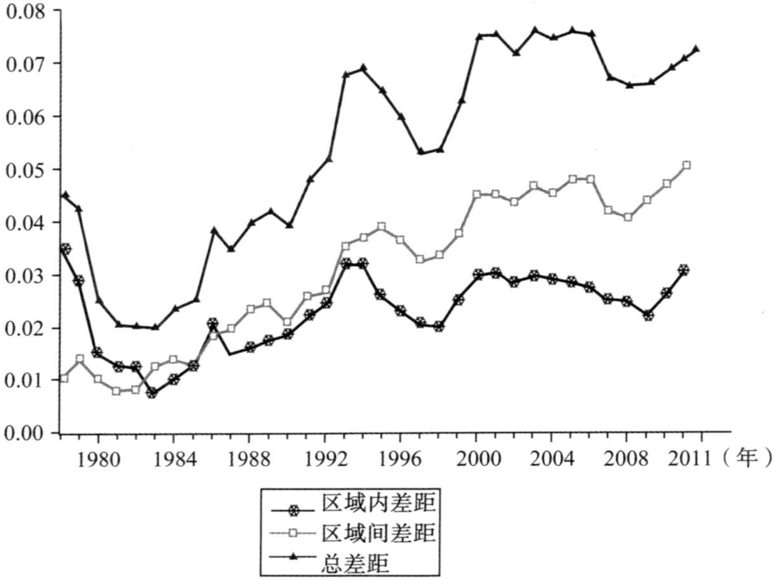

图 4-8　1978—2011 年地区收入差距泰尔指数走势

4.3　中国金融发展收入分配效应的实证分析:总体视角

4.3.1　实证原理与模型建立

改革开放以来,中国地区间收入差距不断扩大,扩大的收入差距一方面可以调动人们的生产积极性，提高劳动效率，但同时也对经济和社会发展具有负面影响。收入分配差距的扩大制约着居民消费能力的增长，不利于经济的持续发展；持续扩大的收入差距容易引起人们对现实收入分配制度的不满。针对收入差距扩大的原因，众多学者进行了研究和探讨，一般认为社会的发展和体制的变化是促使收入分配差距扩大的主要原因，这一观点对于理解中国的收入分配变化是具有意义的。但是金融作为配置其他资源的重要媒介和手段，其自身发展对收入分配的影响不容忽视，因此考察金融中介发展对收入分配差距的影响具有现实意义。国外经济研究表明，金融发展滞后可能扩大收入分配的差距，例如麦金农对信贷市场的不完善与二元经济的关系问题进行了论述，表明企业家在信贷市场上遭遇的不平等待遇将导致二元经济，造成收入分配的差距扩大。[①] 格林伍德和约万诺维奇提出了收入分配差距随着金融机构的发展而变化的理论，即在经济发展的初期，由于金融市场不发达，个人获得金融服务需要支付一定成本或者存在一定的限制，因此最初只有收入高的人能够获得金融服务，大部分人由于不能支付这部分金融服务成本而被排除在了金融服务范围之外。[②] 获得金融服务的群体会因为金融资源的占有优势而取得经济资源的占有优势，从而金融服务会从总体上扩大

① 罗纳德·I.麦金农. 经济发展中的货币与资本[M]. 卢聰，译.上海：上海人民出版社，1997：230-232.

② Jeremy Greenwood, Boyan Jovanovic. Financial Development, Growth, and the Distribution of Income [J]. Journal of Political Economy, 1990, 98:1076-1107.

全社会的收入分配差距。

为探讨金融发展对总体收入分配差距的影响，我们借鉴克拉克等人的研究方法建立如下模型：

$$ineq = \beta_0 + \beta_1 finance + \beta_2 finance^2 + \beta_3 control + \varepsilon$$

模型中，$ineq$ 为收入分配不平等的程度，$finance$ 为金融发展水平，$control$ 为影响收入分配的其他控制变量。如果 $\beta_1 > 0, \beta_2 = 0$，则金融发展会扩大收入分配差距，继而加剧收入分配的不平等性；如果 $\beta_1 < 0, \beta_2 = 0$，则金融发展将会缩小收入分配差距；如果 $\beta_1 > 0, \beta_2 < 0$，则说明金融发展的初期会扩大收入分配差距，金融发展的后期会缩小收入分配差距，即金融发展对收入分配存在倒"U"形的库兹涅茨效应。

4.3.2 变量选择与数据来源

对于金融发展水平 $finance$ 的度量，我们使用金融相关率(FIR)这个指标。根据戈德史密斯的研究，金融相关率是全部金融资产价值与全部实物资产价值之比，这是衡量金融上层结构相对规模的广义指标。金融资产从全国的层面考虑，主要包括了现金、金融机构存款余额、金融机构贷款余额、国内债券余额、股票市值和保费收入等的总和。全部实物资产价值用当年GDP 表示，因此金融相关率的基本计算方式为：

$$FIR = \frac{\text{现金} + \text{存款余额} + \text{贷款余额} + \text{债券余额} + \text{股票市值} + \text{保费收入}}{GDP}$$

对于收入分配差距的度量，我们使用全国的基尼系数。由于现行居民收入统计数据采用的是城镇居民和农村居民抽样调查的方式，仅能分别计算城镇居民和农村居民的基尼系数，全国居民收入分配的基尼系数不能直接获得，因此在这里我们采用桑德鲁姆(A. Sundrum)在《欠发达国家的收入分配问题》中所采用的分组加权测算的方法，来测算全国居民收入的基尼系数。

$$G = P_1^2 \frac{\mu_1}{\mu} G_1 + P_2^2 \frac{\mu_2}{\mu} G_2 + P_1 P_2 \left| \frac{\mu_2 - \mu_1}{\mu} \right|$$

其中，G 表示全国居民收入分配的基尼系数，G_1 和 G_2 分别表示城镇居民和农村居民的收入分配基尼系数，P_1 和 P_2 分别表示城镇居民和农村居民占总人口的比重，μ_1 和 μ_2 分别表示城镇居民和农村居民的平均收入，μ 表示全国居民的平均收入。

戴尼格尔(C. Deiniger)和斯凯尔(B. Squire)以及巴罗(H. Barro)在探讨经济增长与收入分配关系的研究中，以人均实际 GDP 衡量一国经济增长，在这里我们也选用人均 GDP 作为我们的控制变量之一；同时为了防止异方差性，我们采用人均实际 GDP 的自然对数，即 lnGDP。陈钊等人的研究表明，城市化率对收入分配的差距具有明显的影响，这里我们把城市化率作为控制变量之一并采用较普遍的方法，即以城镇人口与总人口的比值来衡量。

在计算金融相关率时，所使用的现金、金融机构存款余额、金融机构贷款余额、国内生产总值等数据均来自历年的《中国金融年鉴》《中国统计年鉴》，国内债券余额、股票市值等数据均来自历年的《中国证券期货统计年鉴》，保费收入的数据来自

《中国发展报告(2010)》。全国居民基尼系数的计算依据桑德鲁姆的加权平均的方法,其中农村居民收入分配的基尼系数来自历年的《中国农村统计年鉴》《中国农村住户调查年鉴》和《新中国五十五年统计资料汇编》,城镇居民收入的基尼系数来自社科院"收入分配研究报告"。

4.3.3 实证结果与建议

时间序列数据一般都不平稳,这时候进行回归分析存在伪回归的风险,所以在进行回归之前有必要对其进行平稳性检验。我们采用 ADF 方法进行单位根的检验。根据水平变量和一阶差分变量的趋势图,我们选取具有相应选项的检验模型;对于检验模型滞后期项的选择,在设定最大滞后期数为 7 时,根据赤池信息准则(AIC)和施瓦兹准则(SC)来选择。单位根检验的结果如表 4-10 所示。

表 4-10 各变量单位根检验结果(ADF Test)

指标	变量	ADF 检验统计量	检验类型	临界值	稳定性
金融发展	*FIR*	−0.463973	(c,t,0)	−2.621007*	不稳定
	Δ*FIR*	−3.988183	(c,0,1)	−3.711457***	稳定
	FIR^2	2.473734	(c,t,0)	−2.629906*	不稳定
	Δ*FIR*^2	−3.642198	(c,t,2)	−2.981038**	稳定
收入差距	*GINI*	−1.355166	(c,0,1)	−2.61916*	不稳定
	Δ*GINI*	−3.200918	(c,t,2)	−2.971853**	稳定

续表

指标	变量	ADF 检验统计量	检验类型	临界值	稳定性
控制变量	ln*rjgdp*	−1.269329	(c,0,1)	−2.632604*	不稳定
	Δln*rjgdp*	−7.007755	(c,t,2)	−4.374307***	稳定
	urban	−1.118803	(c,0,0)	−2.622989*	不稳定
	Δ*urban*	−4.090789	(c,t,1)	−3.679322***	稳定

注：1.检验类型中 c、t、1 分别表示带有常数项、趋势项和滞后阶数。

2. *、* *、* * * 分别表示在 10%、5%、1%的显著水平下显著。

由表 4-10 可知，*GINI*、*FIR*、ln*rjgdp*、*urban* 均为非平衡序列，一阶差分后序列 Δ*GINI*、Δ*FIR*、Δln*rjgdp*、Δ*urban* 均为平稳序列，说明原数列均为一阶单整。为了避免检验方法本身的局限性对检验结果产生负面影响，我们进一步利用 Pillip-Perron(PP)检验对上述变量重新进行了单位根检验。PP 检验的结果与 ADF 的检验结构具有一致性(见表 4-11)。

表 4-11　各变量单位根检验结果(PP Test)

指标	变量	调整的 T 值	检验类型	临界值	稳定性
金融发展	*FIR*	−0.463973	(c,t,0)	−2.619160	不稳定
	Δ*FIR*	−4.051318	(c,0,1)	−3.679322***	稳定
	FIR^2	0.064908	(c,t,0)	−2.619160	不稳定
	Δ*FIR*^2	−5.081915	(c,t,2)	−3.661661**	稳定

续表

指标	变量	调整的 T 值	检验类型	临界值	稳定性
收入差距	*GINI*	−1.355115	(c,0,1)	−2.619160	不稳定
	Δ*GINI*	−2.420076	(c,t,2)	−2.171853*	稳定
控制变量	ln*rjgdp*	−0.407121	(c,0,1)	−2.619226*	不稳定
	Δln*rjgdp*	−4.472411	(c,t,2)	−3.679322***	稳定
	urban	−1.035501	(c,0,0)	−2.629160*	不稳定
	Δ*urban*	−2.999716	(c,t,1)	−2.622939**	稳定

注：1.检验类型中 c、t、l 分别表示带有常数项、趋势项和滞后阶数。

2. *、**、*** 分别表示在 10%、5%、1%的显著水平下显著。

以上检验表明，各变量都是一阶单整，因此我们可以建立变量之间的协整方程，考察收入分配差距和金融发展之间的长期关系，同时考察各控制变量的影响，表 4-12 是具体的回归结果。模型一是检验中国的金融发展与收入分配差距之间是否存在线性关系，从回归结果看回归系数为 0.003662，并且非常不显著，表明中国的金融发展与收入分配之间并不存在线性关系。模型二是在不加入控制变量的条件下，检验中国的金融发展与收入分配差距之间是否存在倒“U”形关系。结果显示，金融相关率的平方项回归系数为负值，金融相关率的回归系数为正值，并且都在 1%的水平下显著。这表明中国的金融发展与收入分配差距之间是存在倒“U”形关系的，即在金融发展的初始阶段收入分配差距会扩大，但是随着金融的不断发展，收入分配差距会呈现缩小的趋势。为了进一步考察稳健性，我们把

人均 *GDP* 的对数和城市化水平 *urban* 作为控制变量加入模型中，发现控制变量的加入并没有影响金融相关率平方项的回归系数，人均 *GDP* 的回归系数为正值，城市化水平 *urban* 的回归系数为负值，并且在5%的显著性水平下通过了显著性检验，说明人均 *GDP* 的增加确实能够拉大收入分配的差距，但是城市化进程却对缩小收入分配的差距具有正的贡献。其原因在于：城市化水平的推进，不但可以使城市居民受益，并且可以为农村剩余劳动力提供更多就业机会，增加非农收入，这对于缩小城乡收入差距具有显著作用。

表 4-12　金融发展与收入分配差距的回归结果

指标	解释变量	被解释变量 *GINI*			
		模型一	模型二	模型三	模型四
金融发展	*FIR*	0.003662 (0.222249)	0.174637*** (7.682304)	0.130082*** (2.969720)	0.127506*** (2.922048)
金融发展	*FIR*^2		−0.023724*** (−5.319838)	−0.019066*** (−3.222140)	−0.017958*** (−3.009604)
控制变量	ln*rjgdp*	0.068564*** (4.177240)		0.020819 (1.186936)	0.030158* (1.563531)
控制变量	*urban*	−0.004081* (−1.454264)			−0.002848** (−1.136262)

注：1.检验类型中c、t、l分别表示带有常数项、趋势项和滞后阶数。

2.*、**、***分别表示在10%、5%、1%的显著水平下显著。

协整回归说明变量之间存在长期均衡的状态，为了说明变量短期的变动，我们可以在协整模型的基础上建立误差修正模型(ECM)，通过此模型考察变量的短期变动对长期均衡的影响。对误差修正模型进行回归，得到误差修正项的回归系数为－0.371048，在5%的显著性水平下通过了检验，这表明当全国基尼系数、金融发展水平、人均GDP以及城市化水平短期波动偏离长期均衡时，将以－0.371048的调整力度回到原均衡状态。

实证分析的结果表明，以金融相关率衡量的金融发展和以基尼系数衡量的全国收入分配差距之间是存在长期均衡关系的，这种长期的均衡关系呈现倒"U"形，符合格林伍德和约万诺维奇提出的收入分配差距随着金融机构发展而变化的理论。前期的金融发展扩大了全国的收入分配差距，原因在于随着金融系统市场化改革的推进，各商业银行纷纷撤并其在农村的营业网点，农村地区金融发展出现了严重倒退，阻碍了农民收入增长，拉大了城乡收入分配差距；金融机构在利益最大化原则的指导下，将更多的分支机构设置在了东部发达地区，中西部金融资源大量流向东部发达地区，制约了中西部地区的经济发展，拉大了全国地区之间的收入分配差距。城乡收入分配差距和地区收入分配差距扩大了全国层面的收入分配差距。而随着东部地区竞争加剧，金融资源在东部地区的利润率下降，国家西部大开发战略的实施使得中西部地区资源利润率上升，金融机构加大了在中西部地区的布局力度。同时，普惠农村金融体系的逐步建立，一定程度上促进了金融资源由城市向农村的流动，农村经济得到发展，促进了农民收入的增长，城乡之间以及地区之间的收入分配差距缩小。政府应进一步推动金融资源向中西部欠发达地区流动，加快农村普惠性金融体系的建立，降低农村乡镇企业和农村居民金融市场的门槛，鼓励金融机构开发适合农村地区的金融产品，通过金融配置资源的功能促进这些地区的经济发展，以缩小东西部地区之间以及城乡之间的收入分配差距，使全国人民能共享经济增长的成果，实现和谐可持续发展。

4.4　本章小结

中国的金融发展存在非均衡性特征，主要表现为区域非均衡性和城乡非均衡性。东部沿海地区无论是金融机构数量还是金融资产规模都优于中西部地区。改革开放以来，金融资源主要是从中西部地区流向了东部地区，不断聚集的金融资源使东部地区经济增长速度快于中西部地区；与此同时，东部地区居民收入的增长速度也明显快于中西部地区。城乡二元结构体系下，农村金融发展水平远远落后于城市金融发展，城乡金融发展存在八大不平衡：改革进度不平衡、资金投入不平衡、网点覆盖不平衡、业务发展不平衡、风险程度不平衡、人员素质不平衡、管理水平不平衡、经营环境不平衡。城乡金融发展的不平衡影响了城乡居民收入差距。改革开放之初，城市人均可支配收入是农村人均纯收入的 2.5 倍，而到 2010 年该比率扩大到了3.2倍。金融发展水平与收入增长速度表现出高度的同步性,金融发展通过对金融资源的配置实现了对收入在地区和城乡之间的分配。从金融发展水平与收入分配差距之间关系的实证分析表明,以金融相关率衡量的金融发展水平与收入分配差距之间存在倒“U”形关系,因此政府应制定政策,推动中西部地区和农村地区金融发展,引导金融资源向中西部地区和广大农村地区流动,以此缩小地区之间以及城乡之间的收入分配差距。

第5章 中国金融发展的城乡收入分配效应分析

金融发展与城乡收入分配差距之间存在内在联系。金融发展的规模和效率对城乡收入差距的变化具有重要影响，城乡二元金融结构使得金融规模和金融效率都难以满足农村经济发展的需要，农村居民收入增长缓慢，进一步拉大了城乡收入差距。

5.1 金融发展与城乡收入分配差距的内在联系

5.1.1 金融资源分布不均衡导致了城乡居民收入差距

从分布情况分析，金融资源主要集中在城市，农村所占金融资源比重较低，金融发展城市化倾向特别显著。1978—2002年，农村存款余额平均约占全国存款余额的14.6%，而农村贷款余额平均约占全国贷款余额的12%。截至2010年年末，全国金融机构本外币存款余额达73.34万亿元，其中人民币存款余额 71.82 万亿元；本外币各项贷款余额为50.92 万亿元，其中人民币各项贷款余额为 47.91 万亿元。在这些存贷款中，与“三农”相关的各项短期农业贷款、乡镇企业贷款，分别为 2.16 万亿元和 0.92 万亿元，占全部人民币各项余额的比重为4.51％和1.92％，两项贷款合计仅占全部贷款余额的 6.43％；2010 年年末全国农业贷款余额为11.77 万亿元，仅占全部金融机构贷款余额的 24.57％。① 金融服务机构网点覆盖城乡不平衡。根据银监会(现为银保监会)2008 年公布的《中国银行业农村金融服务分布图集》，截至 2007 年年末，城市平均每万人拥有的机构网点数为 2 个，万人金融服务人员数为 43 个；而县及县以下农村地区，平均每万人拥有的机构网点数为 1.26 个，万人金融服务人员数为 11 个。而农村人口有 8 亿多，第一产业就业的劳动力占到全社会从业人员的 50％以上，农村人均金融机构的资源占有率很低。

城乡存贷款规模增长表现出明显的不平衡。城镇存款规模增长速度远远超过了农村，城乡存款规模在 1978 年的绝对差额为 609.70 亿元，到 2009 年绝对差额达到了 496273.24 亿元；从相对差额来看，城乡存款规模之比从 1978 年的不足 3 倍发展到 2009 年的近 11 倍。城乡贷款规模绝对差额从 20 世纪 80 年代的 2000 元左右，到 2009 年的 33000 元左右，相对差距由 6 倍提高到了 12 倍。与金融资源分布不均衡相对应的是，城乡居民的收入差距由改革开放之初的 2.5 倍，提高到了 2009

① 何风隽.中国转型经济中的金融资源配置研究[M].北京：社会科学文献出版社，2010：56-57.

年的 3.3 倍，金融资源分布不均衡显著拉大了城乡居民收入差距。具体如图 5-1 所示。

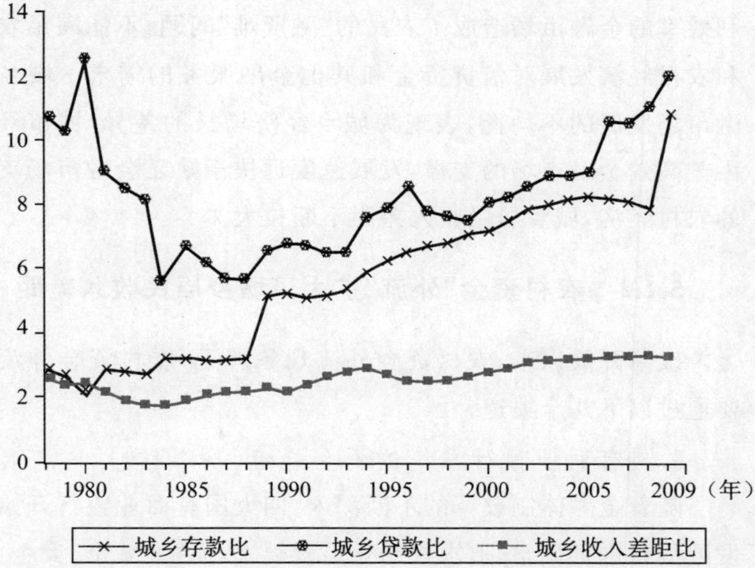

图 5-1　1978—2009 年城乡金融资源分布与收入差距变动

农村金融市场发展程度落后于城市金融市场，农村金融市场效率远低于城市金融市场。改革开放以后，城市金融市场逐渐形成了以国有商业银行为主导，包含股份制银行、城市合作金融机构、外资银行和非银行金融机构在内的功能互补的金融市场体系，金融开放程度逐步提高，激烈的金融市场竞争提高了金融资源配置效率，促进了城市经济的发展。而农村金融市场基本处于垄断经营状态，一方面具有实力的金融机构纷纷撤离农村市场；另一方面，农村金融市场较高的准入门槛使得民营金融机构难以进入，直接后果是缺少竞争，造成农村金融有效供给不足，效率低下，服务不到位成为市场常态。缺乏竞争和效率的金融市场造成了农民的“融资难”问题，不能满足农业和农村经济发展对信贷资金和其他金融服务的需求。城乡金融市场发展的不均衡，表现为城乡经济增长的差异，城市经济由于高效金融市场的支撑，发展速度远快于缺乏金融市场支撑的农村经济，城乡居民收入差距不断拉大。

5.1.2 农村资金“外流”扩大了城乡居民收入差距

改革开放以来，农村资金外流现象严重，农村资金外流主要通过以下几个渠道。

1.国有商业银行系统的资金外流

随着金融体制改革的不断深入，四大国有商业银行开始对发展战略进行调整，追求集约化经营模式，向“大城市、大企业、大银行”的目标迈进。农业本身具有弱质性，在农村地区经营利润少而风险大，促使商业银行加快了撤离农村的步伐。商业银行信贷业务重点转向中心城市，对农村的贷款也仅仅限于基础设施、国债配套资金和生态建设等大型项目，针对农户的农业生产和农村中小企业的金融服务处于萎缩状态，造成农村资金严重外流。

2.农村信用社非农化倾向造成了农村资金的外流

农村信用社的管理体制使合作金融的发展偏离了合作制方向，主要表现在大多数农村信用社效仿商业银行的经营管理，逐渐将资金支持向风险相对较小、使用资金更集中的大项目、大企业等倾斜，服务对象非农化，背离信用合作、服务农村的经营原则，将信贷资金由农业领域转入非农产业领域，支农服务功能日渐弱化。

3.邮政储蓄机构造成的资金外流

自 1986 年恢复邮政储蓄业务以来，邮政部门利用其遍布城乡的网点优势，不断开发新的邮政金融业务，邮政储蓄存款稳步上升。邮政储蓄机构在 2006 年之前只存款不贷款，邮政储蓄遍布乡村的分支机构就如同抽水机一样抽走了农村资金，致使农村金融资金大量流向城市，农业金融资金大量流向第二、三产业。其吸收的存款除留足准备金外，剩下的以转存款的形式缴存至中央银行，通过中央银行系统层层上划，邮政储蓄资金便轻易流出了县域经济体，形成了邮政储蓄增长越快、资金流出速度越快的局面。2007 年以后邮政储蓄银行成立，邮政储蓄机构结束了只存不贷的历史，开始开办小额贷款业务，但由于农村缺乏抵押担保物，农民并不能那么容易获得贷款，且即使获得了部分贷款，其数额也远不能满足农村经济发展的需要，这一切都制约了农村经济发展和农民增收。

5.1.3　农村金融抑制阻碍农民增收，拉大城乡居民收入差距

城乡金融资源分布不均衡，农村正规金融供给不足而需求旺盛，导致非正规金融获得蓬勃发展。所谓非正规金融，是相对正式的、有组织的金融体系之外的金融活动，是政府金融管制外一种民间自发形成的融资关系，也称为“民间金融”“地下金融”。非正规金融机构是因农村金融长期被抑制，正规金融

不能满足农村经济主体对金融服务的需要而产生的，但是非正规金融并没有获得官方的正式认可，没能取得合法地位。这些非正规金融主要包括农户之间的借贷和私人钱庄、合会、典当业信用、民间集资等借贷行为。1989 年以来，国家对非正规金融实行了多次大规模清理整顿，但总体来看，非正规金融不但没有消失，反而规模越来越大，形态越来越复杂，组织越来越严密，经营越来越隐蔽。据全国农村固定观察点对 2 万多农户的调查，2003 年农户借款中，银行、信用社贷款占 32.7％；民间借贷占65.97％，是银行、信用社贷款的两倍。中央财经大学课题组 2005 年的研究表明，中国民间金融、地下金融和非法金融总量约为 2.9 万亿元，是正规金融存贷款总额的 1/3 左右，并且非正规金融规模正以每年 20％左右的幅度快速增长。国际农业发展基金的一份研究报告也明确指出，中国农民来自民间金融的贷款是正规信贷机构的 4 倍。

在正规金融受到抑制的农村，非正规金融凭借其借贷程序简单、手续方便等优点部分解决了农村融资难问题，这对于农户增加农业投资、发展农业生产具有积极作用，相当数量的非正规金融的存在填补了正规金融有效供给不足的空白，它们扎根农村，为农民提供借贷服务，起到了积极的效果。但非正规金融具有“双刃剑”性质，为了规避各类风险，其借贷利率水平往往显著高于正规金融市场，农民通过非正规金融获得借贷支持的同时承担着较高的利息成本，增加了农村经济主体的利率负担，这对本身就利润微薄的农业而言简直就是雪上加霜。非正规金融高额的利息掠夺了借款者的部分劳动收入，加重了借款人的财务负担和社会分配不公;同时,非正规金融游离于金融监管之外,缺乏必要的监督和管理使得非正规金融市场存在巨大的金融风险隐患,而金融风险所具有的破坏性将极大危害农村经济的正常运行。

5.2　中国金融发展的城乡收入分配效应实证分析

5.2.1　SVAR 模型分析原理

向量自回归结构模型(SVAR)把每一个内生变量作为系统中所有内生变量的滞后值的函数来构造模型,解决了传统计量方法建模时需要区分内生变量和外生变量的问题,常用来预测相互联系的时间序列系统及分析随机扰动对变量系统的动态冲击,从而解释各种经济冲击对经济变量的影响。鉴于金融发展与收入分配以及其他经济变量之间难以确定的复杂关系,我们在这里运用 SVAR 模型实证研究金融发展对城乡收入分配差距的影响。其模型如下所示。

$$\boldsymbol{B}_t\boldsymbol{y}_t=\boldsymbol{A}_1\boldsymbol{y}_{t-1}+\boldsymbol{A}_2\boldsymbol{y}_{t-2}\cdots+\boldsymbol{A}_p\boldsymbol{y}_{t-p}+\boldsymbol{B}\boldsymbol{x}_t+\boldsymbol{\varepsilon}_t,\ t=1,2,\cdots,T$$

其中:$\boldsymbol{B}_t$ 为对角线元素为 1 的矩阵,$\boldsymbol{y}_t$ 是 k 维内生变量向量,$\boldsymbol{A}$ 是解释变量系数矩阵,$\boldsymbol{B}$ 为被解释变量系数矩阵,$\boldsymbol{y}$ 为被解释变量,$\boldsymbol{x}_t$ 是 k 维外生变量向量, p 是滞后阶数,T 为样本个数。$k\times k$ 维矩阵和 $d\times d$ 维矩阵是要被估计的系数矩阵。$\boldsymbol{\varepsilon}_t$ 是 k 维扰动向量,它们相互之间可以同期相关,但不与自己的滞后值相关，也不与等式右边的变量相关。假设的协方差矩阵是一个 $k \times k$ 的正定矩阵。SVAR 模型可以展开表示为：

$$\boldsymbol{B}_t \begin{pmatrix} y_{1t} \\ y_{2t} \\ \vdots \\ y_{kt} \end{pmatrix} = \boldsymbol{A}_1 \begin{pmatrix} y_{1t-1} \\ y_{2t-1} \\ \vdots \\ y_{kt-1} \end{pmatrix} + \boldsymbol{A}_2 \begin{pmatrix} y_{1t-2} \\ y_{2t-2} \\ \vdots \\ y_{kt-2} \end{pmatrix} + \cdots + \boldsymbol{A}_p \begin{pmatrix} y_{1t-p} \\ y_{2t-p} \\ \vdots \\ y_{kt-p} \end{pmatrix}$$

$$+ \boldsymbol{B} \begin{pmatrix} x_{1t} \\ x_{2t} \\ \vdots \\ x_{kt} \end{pmatrix} + \begin{pmatrix} \varepsilon_{1t} \\ \varepsilon_{2t} \\ \vdots \\ \varepsilon_{kt} \end{pmatrix}, \quad t = 1, 2, \cdots, T$$

SVAR 模型取代了传统的联立方程模型，被证实为实用且有效的分析方法，但在 SVAR 模型中存在参数过多问题，只有所含经济变量较少的 SVAR 模型才可以通过 OLS 和极大似然估计，并得到满意的估计结果。为了解决参数过多问题，计量经济学家们提出了很多方法，这些方法的出发点都是通过对参数空间施加约束条件从而减少所估计的参数数量。对于一个 k 元 p 阶的 SVAR 模型，需要对其结构式施加的限制条件为 $k(k-1)/2$ 个，才能估计出结构式模型的参数，在建立模型过程中主要有以下关键步骤。

1.基于 ADF 的单位根过程与检验

传统的时间序列经济计量研究通常假设经济数据和产生这些数据的随机过程是稳定过程，在此基础上对经济模型中的参数作估计和假设检验，稳定过程的共同特点是都有一个固定的均值，并且在每一个时刻对均值的偏离基本相同；但是，许多经济指标的时间序列数据并不具有稳定过程的特征，一个非平稳时间序列要么均值随时间变化，要么方差随时间变化，或者二者同时在发生变化。单位根过程是常见的非稳定过程之一，许多宏观经济变量都具有明显的单位根过程的特征，若其一阶差分过程为一稳定过程，则称其服从单位根过程。① 单位根过程的定义如下表述。

随机过程 $\{y_t, t=1,2,\cdots\}$ 是一单位根过程 $I(1)$，$y_t=\rho y_{t-1}+\mu_t(t=1,2,\cdots)$，若其中 $\rho=1$，则 $\{\mu_t\}$ 为一稳定过程 $I(0)$。当随机变量服从单位根过程，在用这些变量构造经济计量模型时，需要注意伪回归的出现。② 因此在做 SVAR 分析之前，首先必须检验数据是否平稳，以避免模型出现伪回归。在进行序列平稳性检验时，广泛采用的是增广迪基-福勒检验法（Augmented Dickey-Fuller Test，ADF）进行单位根检验。在进行 ADF 检验时，主要是通过以下三个模型来完成的。

$$\Delta Y_t=\delta Y_{t-1}+\sum_{i=1}^{n}\beta_i\Delta Y_{t-1}+\varepsilon_t$$

$$\Delta Y_t=\alpha+\delta Y_{t-1}+\sum_{i=1}^{n}\beta_i\Delta Y_{t-1}+\varepsilon_t$$

$$\Delta Y_t=\alpha+\beta t+\delta Y_{t-1}+\sum_{i=1}^{n}\beta_i\Delta Y_{t-1}+\varepsilon_t$$

---

① 高铁梅.计量经济分析方法与模型[M].北京：清华大学出版社，2010：101-103.

② 在线性回归方程 $y_t=x_t\beta+\mu_t$ 中，若最小二乘估计量 $\widetilde{\beta}$ 的 t 统计量是显著的，从统计学角度一般不拒绝 y_t 和 x_t 存在线性关系的假设。但也存在尽管 $\widetilde{\beta}$ 的 t 统计量显著，y_t 和 x_t 之间并不存在任何线性关系的现象，这种现象被称为“伪回归”。

以上三个模型分别为:(1)不含趋势项和常数项;(2)含常数项、不含趋势项;(3)含常数项和趋势项。检验从最后一个模型开始,然后是第二个和第一个模型,何时检验拒绝了零假设,即原序列不存在单位根,为平稳时间序列,则何时停止检验,否则检验继续进行。

2.基于协整检验的长期均衡

一组非稳定的 $I(1)$ 时间变量序列的线性组合如果是稳定的,那么称它们存在协整关系。我们称这一线性组合的表达式为协整方程。而这种协整关系通常被认为等价于变量之间的长期均衡关系。在对变量进行因果关系检验之前一般先进行协整关系检验,确定变量间协整关系数目,然后才能通过 VEC 模型估计协整方程的参数,并进行进一步的因果关系检验。

对于 SVAR 的协整检验,常用的是协整检验原理(JJ 检验),其基本原理是:如果序列 $X_{1t}, X_{2t}, \cdots, X_{kt}$ 都是 d 阶单整,存在一个向量 $\boldsymbol{\alpha} = (\alpha_1, \alpha_2, \cdots, \alpha_k)$,使得 $Z_t = \boldsymbol{\alpha} X' \sim I(d-b)$。其中,$b > 0$,$X_t = (X_{1t}, X_{2t}, \cdots, X_{kt})'$,则认为序列 $X_{1t}, X_{2t}, \cdots, X_{kt}$ 是(d,b)阶协整的,$\boldsymbol{\alpha}$ 为协整向量。

3.格兰杰(Granger)因果关系检验

格兰杰因果关系检验是用于检验两个变量之间因果关系的一种常用方法。其基本原理是:如果变量 y_{2t} 过去和现在的信息有助于改进变量 y_{1t} 的预测,则说变量 y_{1t} 是由变量 y_{2t} 的格兰杰原因引起的(granger-caused),即称为格兰杰原因。在对基于 VAR 模型的时间序列进行格兰杰检验时,构建基于 F 检验的联合检验,原假设为不存在格兰杰因果关系,备选假设

是存在格兰杰因果关系,检验统计量为:

$$S=\frac{(RSS_0-RSS_1)/p}{RSS_1/(T-2p-1)}\sim F(p,T-2p-1)$$

4.基于 VEC 模型的短期均衡

若 SVAR 模型中非平衡变量存在协整关系,就可以认为变量之间存在长期的均衡关系,但是长期均衡并不能保证短期均衡,在短期内变量之间可能是失衡的。因此,可以利用 SVAR 模型中的扰动项作为均衡误差,把变量的短期行为和长期行为联系起来。这就是萨根、恩格尔、格兰杰提出的向量误差修正模型(vector error correction model, VEC),可以表示为:

$$\Delta Y_t=\alpha ecm_{t-1}+\sum_{i=1}^{p-1}\Gamma_i\Delta y_{t-i}+\varepsilon_i$$

其中 ecm_{t-1} 是误差修正项,反映变量之间的长期均衡关系,系数向量 α 反映变量之间的均衡关系偏离长期均衡状态时,将其调整到均衡状态的调整速度。

5.滞后阶数 p 的确定

SVAR 模型中一个重要的问题就是滞后阶数的确定,在选择滞后阶数 p 时,一方面要使滞后阶数足够大,以便能完整反映所构造模型的动态特征;但是另一方面,滞后阶数越大,需要估计的参数也就越多,模型的自由度将减少。在选择滞后阶数时,既要有足够数目的滞后项,又要有足够数目的自由度。常用的确定滞后阶数的方法有两种:确定滞后阶数的似然比(LR)检验、AIC 和 SC 准则。

5.2.2 指标选择与模型建立

如前面章节所述，金融发展水平可以从三个层面去衡量，分别为金融规模、金融效率和金融结构，鉴于数据的可获得性以及间接金融占主导的情况，我们这里选择金融规模和金融效率两个指标分别考察金融发展对城乡收入分配差距的影响。

金融发展规模（FD）用金融机构存贷款之和与GDP之比来衡量，以揭示金融发展的规模差距。金融发展效率（FE）用贷款与存款的比率来衡量，该指标直接反映的是金融机构将存款转化为贷款的效率，一定程度上能反映金融中介的效率。城乡收入差距（GAP）选用城市居民人均可支配收入与农村居民人均纯收入之比来衡量。

众多研究指出，经济增长与城乡收入差距之间存在关系，因此我们在实证分析中将人均GDP指标（RJGDP）作为其中的指标。

另外，城市化对城乡收入差距的变动也具有影响。我国城市化水平的提高会显著降低城乡收入差距。城市化水平对城乡收入差距的影响并不是简单的线性关系，城市化水平对城乡收入差距的影响取决于城乡收入差距的水平，当城乡收入差距较大时，城市化水平将会扩大城乡收入差距，而当城乡收入差距较小时，城市化水平会缩小城乡收入差距。因此，我们将城市化水平（URBAN）也作为影响指标加入模型中。同时，与大多数研究采用的方法一样，我们用一定时期城镇人口和农村人口的比值来衡量“城市化水平”。

数据来源于《新中国五十五年统计资料汇编》和历年《中国统计年鉴》《中国金融年鉴》《中国农村统计年鉴》以及中国人民银行网站公布的有关数据，时间跨度为 1978—2009 年。为了消除数据的异方差性质，我们对所有数据都取自然对数。VAR 模型可用下列形式表示：

$$y_t = c + \beta_1 y_{t-1} + \beta_2 y_{t-2} + \cdots + \beta_i y_{t-p} + \varepsilon_t$$

其中，$y_t = (GAP_t, FD_t, FE_t, RJGDP_t, URBAN_t)'$。

5.2.3　实证结果与结论

由于时间序列一般都不平稳，在进行建模之前我们首先对各变量进行单位根检验，以检验序列的平稳性。我们选取 ADF 检验方法进行单位根检验。根据水平变量和一阶差分变量的趋势图，我们选取具有相应选项的检验模型，对于检验模型中滞后期的选择，设定最大滞后期数为 7。单位根检验的结果如表 5-1 所示。

表 5-1　各变量单位根检验结果

指标	变量	ADF 统计量	检验类型	临界值	稳定性
城乡收入差距	GAP	−3.291666	(c,0,1)	−3.218382*	不稳定
	ΔGAP	−3.484639	(c,t,2)	−2.644302***	稳定
金融发展规模	FD	1.841615	(c,t,1)	−1.610211*	不稳定
	ΔFD	−3.349426	(c,0,2)	−2.644302***	稳定

续表

指标	变量	ADF统计量	检验类型	临界值	稳定性
金融发展效率	*FE*	−1.657468	(c,0,3)	−1.61021*	不稳定
	Δ*FE*	−8.734529	(c,t,1)	−2.644302***	稳定
人均GDP	*RJGDP*	−1.489607	(c,0,1)	−1.609571*	不稳定
	Δ*RJGDP*	−3.650894	(c,0,2)	−3.587527**	稳定
城市化水平	*URBAN*	−1.187507	(c,t,1)	−1.610211*	不稳定
	Δ*URBAN*	−1.744669	(c,t,1)	−1.610211**	稳定

注:1.检验类型中 c、t、1 分别表示带有常数项、趋势项和滞后阶数。

2.*、**、***分别表示在10%、5%、1%的显著水平下显著。

由表 5-1 可知,城乡收入差距 *GAP*、金融发展规模 *FD*、金融发展效率 *FE*、人均 *GDP*、城市化水平 *URBAN* 均为非平稳序列,而经过一次差分后,Δ*GAP*、Δ*FD*、Δ*FE*、Δ*RJGDP*、Δ*URBAN* 均为 I(0)平稳序列,即原序列均为一阶单整。

表 5-2 是四个序列之间的格兰杰因果关系。我们可以看到,金融发展规模的变动是城乡收入差距变动的单向格兰杰因果关系,金融发展效率的变动是城乡收入差距变动的单向格兰杰因果关系,城市化水平的变动是城乡收入差距变动的单向格兰杰因果关系,人均 GDP 的变动也是城乡收入差距变动的单向格兰杰因果关系。

表 5-2　格兰杰因果检验结果

原假设 H0	obs.	F-Statistic	Prob.
ΔFD does not Granger Cause ΔGAP	30	4.67321	0.0189***
ΔGAP does not Granger Cause ΔFD	30	0.32336	0.7267***
ΔFE does not Granger Cause ΔGAP	30	4.20331	0.0267**
ΔGAP does not Granger Cause ΔFE	30	1.93471	0.1655***
$\Delta RJGDP$ does not Granger Cause ΔGAP	30	4.07006	0.0295***
ΔGAP does not Granger Cause $\Delta RJGDP$	30	1.39116	0.2674**
$\Delta URBAN$ does not Granger Cause ΔGAP	30	4.76982	0.0176**
ΔGAP does not Granger Cause $\Delta URBAN$	30	1.06051	0.3613***

注：*、**、***分别表示在 10%、5%、1%的显著水平下显著。

为了更充分认识金融发展对城乡收入差距的影响，我们将通过 SVAR 模型进行长期与短期的分析。建立 SVAR 模型需要确定滞后阶数，表 5-3 是各种检验方法的滞后阶数的选择。通过相关检验，我们将 SVAR 模型滞后阶数确定为 3，即 $y_t = c + \beta_1 y_{t-1} + \beta_2 y_{t-2} + \beta_3 y_{t-3} + \varepsilon$，其中 $y_t = (GAP_t, FD_t, FE_t, RJGDP_t, URBAN_t)'$。

表 5-3　SVAR 模型中滞后阶数的确定

Lag	LogL	LR	FPE	AIC	SC	HQ
0	70.6322	NA	7.45E−09	−4.52636	−4.5906	−4.452530
1	274.0181	322.61210	3.48E−14	−16.8288	−15.414	−16.38585
2	323.9820	62.02410	7.38E−15	−18.5505	−15.957	−17.73834
3	369.0110*	40.37085*	3.03E−15*	−19.9318*	−16.16*	−18.75050*

由图 5-2 可知，SVAR 系统的全部特征根均分布在单位圆之内，说明我们建立的滞后阶数为 3 的 SVAR 系统是一个平稳的系统，因此接下来我们可以进一步对这个系统进行相关分析。

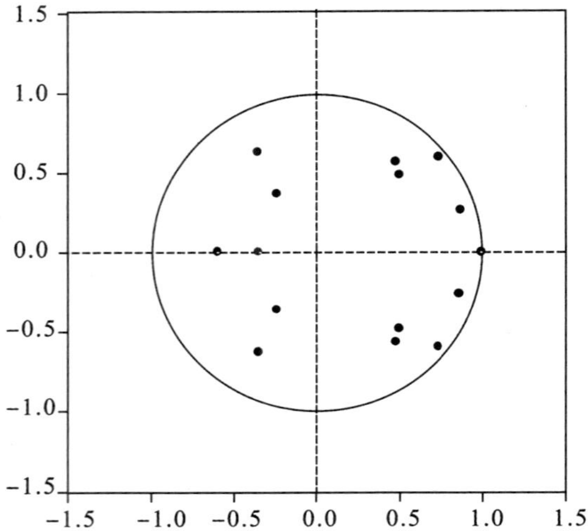

图 5-2 SVAR 模型全部特征根分布

通过协整分析，我们可以检验金融发展与城乡收入差距之间是否存在长期稳定的关系。表 5-4 是建立在 Johansen 基础上的 SVAR 系统的协整检验，从中可以看出 SVAR 系统中存在一个协整关系。对协整方程进行估计，得到标准化协整向量为(1.00000，－0.081797，－0.636247，0.041314，－1.377605)，这说明金融发展规模和金融效率对城乡收入差距的缩小具有积极作用，城市化水平的提高对缩小城乡收入差距同样具有积极作用，而经济增长会导致城乡收入差距的扩大。

表 5-4　Johansen 检验

协整数量	特征值	迹统计量	5%显著性水平临界值	显著性水平
没有	0.948815	146.3522	69.81889	0.0000
至多 1 个**	0.702825	60.15227	47.85613	0.0023
至多 2 个	0.472642	24.96567	29.79707	0.1627
至多 3 个	0.147868	6.409279	15.49471	0.6417
至多 4 个	0.059173	1.768892	3.841466	0.1835

协整关系说明的是变量之间的长期均衡关系，误差修正模型（VEC）能说明变量之间将以何种形式修正短期偏离。表 5-5 是 VEC 模型的估计结果。其中，当城乡收入差距与金融发展规模、金融发展效率、人均 GDP、城市化水平偏离长期水平时，将以 6.4663%的速度将系统拉回原长期均衡水平。

表 5-5　VEC 模型估计结果

	D(GAP)	D(FD)	D(FE)	D(RJGDP)	D(URBAN)
CointEq1	−0.064663	0.586498	0.269730	0.060105	0.007401
	−0.090830	−0.262620	−0.188790	−0.074340	−0.018250
D[GAP(−1)]	0.384862	0.568987	0.538577	0.408708	−0.055980
	−0.249380	−0.721050	−0.518340	−0.204100	−0.050110
D[FD(−1)]	−0.039946	0.376260	−0.004230	0.045380	0.027570
	−0.096690	−0.279580	−0.200980	−0.079140	−0.019430

续表

	D(GAP)	D(FD)	D(FE)	D(RJGDP)	D(URBAN)
D[FE(−1)]	−0.062375	0.163745	−0.274870	−0.088070	0.003354
	−0.100060	−0.289320	−0.207980	−0.081900	−0.020110
D[RJGDP(−1)]	0.045684	−0.916563	0.207473	0.567155	−0.032550
	−0.251950	−0.728500	−0.523690	−0.206210	−0.050630
D[URBAN(−1)]	0.666208	−2.400543	4.205862	−0.430890	0.151188
	−0.984410	−2.846340	−2.046120	−0.805700	−0.197810
C	−0.019300	0.250164	−0.194380	0.063996	0.028848
	−0.057200	−0.165390	−0.118890	−0.046820	−0.011490

图 5-3 是 SVAR 系统的脉冲响应函数，中间实线是我们要考察的指标。(a)是城乡收入差距对金融发展规模的脉冲响应。从中我们可以看到，给金融发展规模一个冲击，城乡收入差距会先扩大并且在第 5 期达到最大值，接下来会逐步下降，在第 7 期由正值转为负值，说明短期金融发展规模会扩大城乡收入差距，但在长期会缩小城乡收入差距。(b)是城乡收入差距对金融发展效率的脉冲响应，从中我们可以得到，当给金融发展效率一个冲击，城乡收入差距会扩大，但是这个冲击的影响会迅速减少，在第 8 期这个影响将变为负值。由此可以得到，金融发展效率的提高在短期会扩大城乡收入差距，长期会缩小城乡收入差距，并且金融发展效率对城乡收入差距的冲击不如金融发展规模的冲击大。(c)是城乡收入差距对人均 GDP 冲击的反应。从中我们可以得到，当给人均 GDP 一个冲击时，

城乡收入差距首先增加，在第 2 期达到最大值，然后逐渐下降，到第 5 期后处于负值，第 8 期后又恢复正值。(d)是城乡收入差距对城市化水平冲击的反应。从中可以得到，当给城市化水平一个冲击时，城乡收入差距先降低、然后上升，最终稳定为负值，说明城市化水平的提高能降低城乡收入差距。

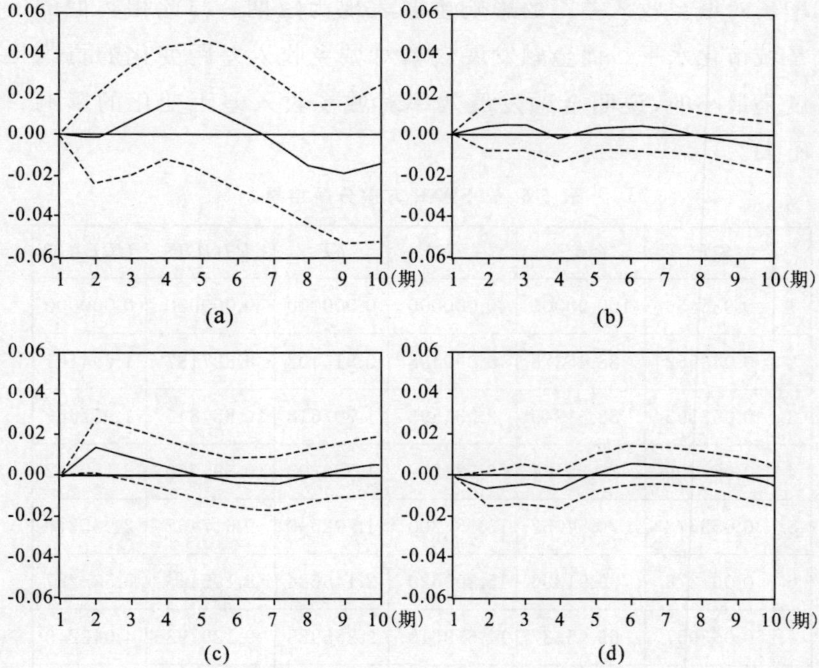

图 5-3　城乡收入差距对其他变量的脉冲响应

通过方差分解可以分析每一个结构冲击对内生变量变化的贡献度，进一步评价不同结构冲击的重要性。从表 5-6 中我们可以得到，城乡收入差距的变化除自身滞后期的影响外，金融发展规模的结构冲击的贡献度最大，逐期增加并在第10期接近28%，这说明金融发展规模是影响城乡收入差距的最主要因素。人均GDP的结构冲击对城乡收入差距变化的贡献度较大，逐期增加并在第3期超过10%，而后逐渐下降，说明经济增长对城乡收入差距的影响主要表现为短期。与此相类似的是城市化水平。而金融发展效率对城乡收入差距变化的贡献度是最小的，说明金融发展效率对城乡收入差距变化的影响不大。

表5-6　SVAR方差分解结果

	S.E.	*GAP*	*FD*	*FE*	*RJGDP*	*URBAN*
1	0.035456	100.00000	0.000000	0.000000	0.000000	0.000000
2	0.048562	88.46375	0.099498	0.815402	8.827187	1.794161
3	0.053395	83.41849	2.031593	1.707518	10.884840	1.957562
4	0.056409	75.35467	9.534227	1.556298	10.395760	3.159042
5	0.058678	70.54052	15.084200	1.792540	9.617467	2.965270
6	0.061278	69.91396	15.209620	2.145684	9.195446	3.535287
7	0.063057	69.95837	14.613610	2.255983	9.129793	4.042243
8	0.065489	66.55020	18.859050	2.092699	8.464273	4.033776
9	0.068520	60.89242	25.352310	2.112252	7.957919	3.685098
10	0.070773	57.73519	27.745850	2.697083	7.993115	3.828765

5.3　本章小结

金融发展与城乡收入分配差距之间存在内在联系。城乡金融资源分布不均衡导致了城乡收入差距，城镇存款和贷款总额远高于农村存贷款总额，城镇相比农村可供使用的金融资源更丰富。金融中介机构营业网点主要设立在城市，农村金融中介机构严重不足。基于 SVAR 模型的实证分析我们得到，金融发展规模是影响城乡收入差距的最主要因素；人均 GDP 和城市化水平对城乡收入差距变化的影响次之。而金融发展效率对城乡收入差距变化的贡献度是最小的，说明金融发展效率对城乡收入差距变化的影响不大。

金融发展对城乡收入差距的变化具有重要影响，城乡二元金融结构使得在广大农村地区，无论是金融规模还是金融效率都难以满足经济发展的需要，农村居民收入增长缓慢，进一步拉大了城乡收入差距。为缩小城乡居民的收入差距，必须加快推进农村金融体系的建设，完善农村金融市场，多方面增加对农村地区的信贷支持力度，降低农村地区的信贷门槛，积极引导社会各种资本进入农村，设立以村镇银行、小额贷款公司和农村资金互助社等为主要形式的小型金融机构，逐步以金融发展促进农村经济发展，实现农民增收，缩小城乡收入差距。

第6章　中国金融发展的区域收入分配效应分析

对中国金融发展的区域收入分配效应的研究，我们从两个层面来进行考察。首先，我们考察金融发展对区域间收入分配差距的影响。其次，我们考察金融发展对区域内收入分配差距的影响。

6.1　中国金融发展的区域间收入分配效应

6.1.1　区域收入分配差距的度量

本章将研究金融发展的区域收入分配效应。中国金融发展的一个重要特点就是区域发展不平衡，东部沿海地区金融发展水平、金融市场化程度都要高于其他地区。针对这种区域金融发展的非均衡性，我们在前面已经做过详细的分析了，区域金融发展的非均衡性对区域收入具有的分配效应将是我们本章分析的重点。我们把这个问题分解为两部分：第一部分我们将考察中国金融发展对区域间收入分配差距的影响，即从总体层面考察金融发展对区域间收入差距的影响。第二部分我们将考察中国金融发展对区域内收入分配差距的影响。

为度量地区收入差距，我们引入泰尔指数这个指标。泰尔指数把总体差异性分解为各部分间的差异性和各部分内部的差异性，即衡量组间和组内的差距对总差距的贡献度。泰尔指数的计算公式为：

$$T=\sum_{i=1}^{N}\left(\frac{Y_i}{Y}\right)\mathrm{Log}\,\frac{Y_i/Y}{P_i/P}$$

其中，Y_i、P_i 分别是 i 地区的收入和人口，Y、P 是全国的总收入和总人口。N 是地区数量，Y_i/Y、P_i/P 分别是 i 地区的收入比重和人口比重。

研究地区收入差距实际上就是研究各种意义上的人均收入差异在不同地域上的表现，所以首先要确定如何划分地域作为考察范围。在以地区为对象的各类经济研究中，学者们多按行政区划的东部、中部和西部进行研究。随着我国整体经济的发展以及国家区域发展战略的调整，国家继东部地区建立经济特区、开发沿海地区经济带以后，又先后提出了“西部大开发”“振兴东北老工业基地”和“中部崛起”战略，这就进一步明确了我国对东部、西部、中部、东北四大地区的划分。① 中国人民银行、国家统计局也分别从 2005 年开始以这种划分为依据公布

① 具体来说，东部地区包括北京、天津、河北、上海、江苏、浙江、福建、山东、广东和海南 10 个省、直辖市；中部地区包括山西、安徽、江西、河南、湖北和湖南 6 个省；西部地区包括内蒙古、广西、重庆、四川、贵州、云南、西藏、陕西、甘肃、青海、宁夏和新疆 12 个省、自治区、直辖市；东北地区包括辽宁、吉林和黑龙江 3 个省。

各地区的相关数据。具体的数据比较如图 6-1 和表 6-1 所示。

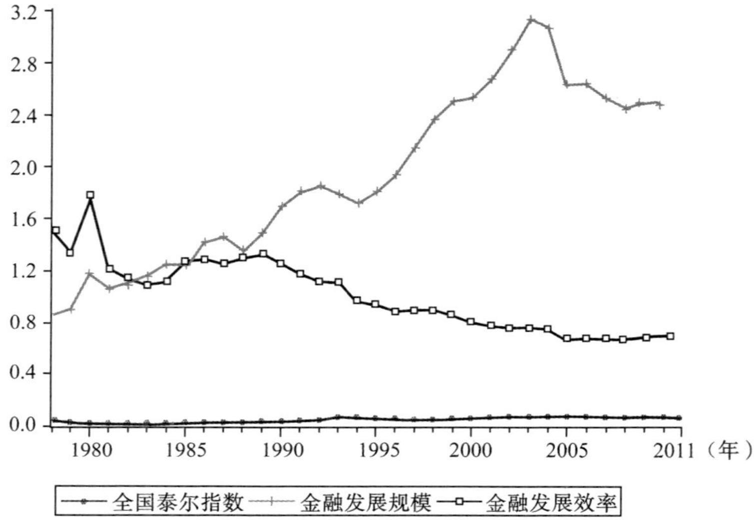

图 6-1 区域泰尔指数、金融发展规模和金融发展效率

表 6-1 1978—2011 年中国区域泰尔指数

	全国	东部	中部	西部	东北	区域内	区域间
1978	0.0456	0.0650	0.0339	0.0097	0.0001	0.0354	0.0102
1979	0.0354	0.0521	0.0278	0.0069	0.0008	0.0289	0.0065
1980	0.0252	0.0307	0.0054	0.0058	0.0057	0.0100	0.0152
1981	0.0207	0.0268	0.0028	0.0054	0.0065	0.0078	0.0129
1982	0.0202	0.0213	0.0067	0.0071	0.0049	0.0079	0.0123
1983	0.0200	0.0147	0.0026	0.0048	0.0015	0.0124	0.0076
1984	0.0239	0.0182	0.0052	0.0065	0.001	0.0138	0.0101

续表

	全国	东部	中部	西部	东北	区域内	区域间
1985	0.0257	0.0246	0.0055	0.0065	0.0017	0.0128	0.0129
1986	0.0386	0.0297	0.0255	0.0065	0.0023	0.0184	0.0202
1987	0.0350	0.0303	0.0062	0.0057	0.0022	0.0195	0.0155
1988	0.0400	0.0306	0.0076	0.0050	0.0045	0.0235	0.0165
1989	0.0425	0.0336	0.0067	0.0043	0.0076	0.0246	0.0179
1990	0.0397	0.0357	0.0058	0.0076	0.0033	0.0209	0.0188
1991	0.0483	0.0413	0.0092	0.0070	0.0056	0.0259	0.0224
1992	0.0518	0.0490	0.0066	0.0067	0.0037	0.0269	0.0249
1993	0.0678	0.0617	0.0065	0.0101	0.0046	0.0354	0.0324
1994	0.0691	0.0593	0.0104	0.0089	0.0024	0.0372	0.0319
1995	0.0649	0.0479	0.0067	0.0097	0.0016	0.0389	0.0260
1996	0.0598	0.0429	0.0046	0.0091	0.0006	0.0367	0.0231
1997	0.0533	0.0381	0.0048	0.0096	0.0005	0.0326	0.0207
1998	0.0537	0.0377	0.0038	0.0093	0.0013	0.0335	0.0202
1999	0.0629	0.0472	0.0049	0.0079	0.0014	0.0378	0.0251
2000	0.0750	0.0533	0.0067	0.0073	0.0022	0.0452	0.0298
2001	0.0753	0.0533	0.0057	0.0079	0.0018	0.0452	0.0301
2002	0.0718	0.0522	0.0047	0.0075	0.0017	0.0437	0.0281
2003	0.0763	0.0544	0.0047	0.0088	0.0019	0.0466	0.0297
2004	0.0743	0.0527	0.0038	0.0101	0.0014	0.0454	0.0289

续表

	全国	东部	中部	西部	东北	区域内	区域间
2005	0.0761	0.0493	0.0029	0.0014	0.0024	0.0479	0.0282
2006	0.0753	0.0476	0.0018	0.0123	0.0029	0.0479	0.0274
2007	0.0673	0.0440	0.0013	0.0126	0.0046	0.0420	0.0253
2008	0.0656	0.0427	0.0016	0.0144	0.0058	0.0407	0.0249
2009	0.0638	0.0396	0.0014	0.0161	0.0041	0.0421	0.0237
2010	0.0612	0.0371	0.0012	0.0181	0.0386	0.0441	0.0241
2011	0.0586	0.0346	0.0016	0.0196	0.0371	0.0432	0.0223

数据来源:《新中国五十五年统计资料汇编》和历年《中国统计年鉴》《中国金融年鉴》。

6.1.2 指标选择与数据来源

与前几章的分析方法类似,我们也用金融发展规模和金融发展效率考察金融发展的收入分配效应。金融发展规模(FD)用金融机构存贷款之和与 GDP 之比来衡量,以揭示金融发展的规模差距;金融发展效率(FE)用贷款与存款的比率来衡量,该指标直接反映的是金融机构将存款转化为贷款的效率,一定程度上能反映金融中介的效率。区域间收入分配差距由总体收入分配差距的泰尔指数分解而来,全国泰尔指数为 THEIL,区域间的泰尔指数为 JIANTHEIL,区域内的泰尔指数为 NEI-THEIL。数据来源于《新中国五十五年统计资料汇编》和历年《中国统计年鉴》《中国金融年鉴》。鉴于统计数据的可得性,我们选取了 1978—2011 年作为研究样本。地区收入差距的泰尔指数分解为全国泰尔指数、区域内泰尔指数和区城间泰尔指数，我们将分别检验金融发展规模和金融发展效率与它们的长期关系和短期关系。在长期关系的考察中，我们使用 E-G 两步法建立协整方程，即对协整方程的回归残差进行单位根检验，从而判断变量之间的长期均衡关系；在短期关系的测定中，我们使用误差修正模型法，即将协整方程的残差项作为误差修正项，测定地区收入差距与金融发展规模和金融发展效率的短期波动。检验长期均衡关系和短期波动关系的模型如下：

$$THEIL_t = \beta_1 + \beta_2 FD_t + \beta_3 FE_t + \varepsilon_t$$

$$\Delta THEIL_t = \alpha_1 \Delta FD_t + \alpha_2 \Delta FE_t + \alpha_3 ecm_{t-1}$$

6.1.3　分析结果及结论

1.相关变量单位根检验结果

由于时间序列的非平衡性特征，在进行协整分析之前需要对相关变量进行单位根检验。如果相关变量是同阶单整，则它们之间存在协整关系，否则它们之间不存在长期均衡关系。由表 6-2 和表6-3可知，各变量序列均不平稳，但是差分以后的变量序列是平稳的，说明原变量都是一阶单整过程，因此可以进行协整分析。

表 6-2　变量的描述性统计

	全国泰尔指数	区域内泰尔指数	区域间泰尔指数	金融发展规模	金融发展效率
均值	0.051648	0.030497	0.021152	1.898584	1.045589

续表

	全国泰尔指数	区域内泰尔指数	区域间泰尔指数	金融发展规模	金融发展效率
中位数	0.053300	0.033500	0.022400	1.816269	1.097299
最大值	0.076300	0.047900	0.032400	3.144150	1.808349
最小值	0.020000	0.007800	0.006500	0.867967	0.650934
标准差	0.019478	0.012967	0.007569	0.674016	0.281665
样本数	31	31	31	31	31

表 6-3　各变量单位根检验结果

	变量	ADF 统计量	检验类型	临界值	稳定性
区域收入差距	*THEIL*	−2.738590	(c,t,1)	−3.218382*	不稳定
	Δ*THEIL*	−4.104162	(c,0,0)	−2.647120***	稳定
	JIAN-THEIL	−3.291666	(c,t,1)	−3.218382*	不稳定
	Δ*JIANTHEIL*	−3.484639	(c,t,0)	−2.644302***	稳定
	NEITHEIL	−0.927596	(c,t,1)	−2.621007	不稳定
	Δ*NEITHEIL*	−4.010135	(c,t,0)	−2.647120	稳定
金融发展规模	*FD*	−1.657468	(c,0,1)	−1.61021*	不稳定
	Δ*FD*	−8.734529	(c,t,0)	−2.644302***	稳定

续表

	变量	ADF 统计量	检验类型	临界值	稳定性
金融发展效率	*FE*	−1.646461	(c,t,1)	−1.952910**	不稳定
	Δ*FE*	−8.518769	(c,t,0)	−1.610011***	稳定

注：1.检验类型中 c、t、1 分别表示带有常数项、趋势项和滞后阶数。

2.*、**、***分别表示在 10%、5%、1%的显著水平下显著。

2.协整关系和误差修正模型分析

如表 6-4 所示，从全国区域收入差距、区域内收入差距和区域间收入差距的回归结果看，三个回归模型的残差序列均为平稳序列，这意味着全国区域收入差距、区域内收入差距和区域间收入差距与金融发展规模、金融发展效率之间存在长期的稳定关系。其中金融发展规模不但会显著扩大总体收入差距，而且会扩大区域内和区域间的收入差距。金融发展规模对三个层次的收入差距的回归系数均在 1%的显著性水平下显著，金融发展规模每提高 1 个百分点，会拉大总体收入差距 0.022359个百分点，拉大区域内收入差距 0.012514 个百分点，拉大区域间收入差距 0.009845 个百分点。金融发展效率对三个层次收入差距的回归系数也均在 1%的显著性水平下显著，金融发展效率会缩小总体收入差距和区域内的收入差距，但会拉大区域间的收入差距。具体来讲，金融发展效率每提高 1 个百分点，会缩小总体收入差距 0.007842 个百分点，缩小区域内收入差距0.00956个百分点，但会拉大区域间收入差距0.001713 个百分点。误差修正模型(ECM)中误差修正项的回归系数分别为−0.45622、−0.41435和−0.32145，说明当金融发展与三个层次的收入差距偏离长期均衡水平时，系统将分别以0.45622、0.41435和0.32145的速度在下一期将其拉回到原均衡水平。

表 6-4　协整方程回归结果及平稳性检验

		被解释变量		
		THEIL	*NEITHEIL*	*JIANTHEIL*
解释变量	*FD*	0.022359***	0.012514***	0.009845***
	FE	−0.007842***	−0.00956***	0.001713***
	C	0.017397	0.016728	0.000669
回归方程	Adjusted-R^2	0.744265	0.675139	0.654056
	F	44.65438	32.17364	29.35957
	AIC	−6.310877	−6.88543	−7.89914
	SC	−6.172104	−6.74666	−7.76037
残差平稳性	*ADF*	−3.499146***	−3.94624***	−3.2407***
	PP	−3.143662***	−4.78048***	−2.22977***
误差修正系数	α	−0.45622**	−0.41435***	−0.32145**

注：*、**、***分别表示在10%、5%、1%的显著水平下显著。

6.2　中国金融发展的区域内收入分配效应

6.2.1　分析原理与分析方法

地区收入差距的形成有着十分复杂的因素，短期决定收入分配差距的包括投资、消费、进出口增长水平等差异，而资本、劳动、土地和技术等生产要素的投入是影响长期收入差距的主要因素。无论是投资活动还是要素的投入都与金融活动紧密相关。前一节我们分析了总体金融发展对区域内收入差距和区域间收入差距的影响，但我国是一个地域广阔的国家，各地区金融经济发展不平衡，同时各区域的金融发展具有较强的联系性，因此从全国角度考察金融发展对区域收入分配差距的影响具有一定的局限性，不能较准确地反映金融发展的收入分配效应。本部分将把全国经济划分为四个地区，分别为东部地区、西部地区、中部地区和东北地区，分别考察四个区域金融发展对本区域的收入分配效应。

6.2.2　指标选择与数据来源

我们还是使用金融发展规模和金融发展效率这两项金融发展指标，其中金融发展规模用每个地区存贷款之和与本地区 GDP 之比表示，金融发展效率是用每个地区所有贷款与该地区所有存款之比表示。地区 GDP 是由该地区所有省市 GDP

加总而得。各地区内部收入分配差距是由前一节泰尔指数分解所得到的东部、中部、西部以及东北地区的泰尔指数表示。

6.2.3 分析结果及结论

从回归结果看(见表 6-5),四个方程的回归残差均通过了平稳性检验,这说明四个地区的收入差距与金融发展规模和金融发展效率之间存在长期均衡的协整关系。但协整关系在四个地区的表现存在不同:对于东部地区而言,无论是金融发展规模还是金融发展效率,都显著降低了本地区内部的收入差距;东北地区也呈现出相同的特征,但东部地区金融发展对缩小收入分配差距的作用明显大于东北地区。对于中部地区和西部地区,金融发展规模的扩大会明显拉大该地区内部收入分配差距,其中中部地区金融发展规模的变化对收入分配差距的作用要大于西部地区。两个地区存在的不同是,中部地区金融发展效率的提高会加剧地区内的收入分配不均等,而西部地区金融发展效率的提高会降低地区内部的收入分配不均等。

由此我们可以得到,我国东部地区由于金融发展速度快,金融市场化程度高,激烈的市场竞争促使金融机构降低金融成本,降低的金融服务门槛使得更多群体可以利用金融服务提高自身的收入,金融发展带来了收入分配不均等的下降,东部地区处于库兹涅茨倒“U”形曲线的后半段,即金融发展会缩小收入差距。

表 6-5　分地区协整方程和误差修正模型

		被解释变量(*THEIL*)			
		东部	中部	西部	东北
解释变量	*FD*	−0.0088**	0.0126***	0.0011***	−0.0012**
	FE	−0.0521***	0.0238***	−0.0034**	−0.0008***
方程稳定检验	Adjusted-R^2	0.8979	0.7565	0.7544	0.7645
	Log-likelihood	99.9759	115.9080	144.4009	150.2273
	F-statistic	10.9137	9.3104	3.7380	0.5120
残差平稳性检验	ADF	−3.4338**	−4.9694***	−4.5103***	−3.0345**
	1% level	−4.3098	−4.2967	−4.2967	−3.6702
	5% level	−3.5742	−3.5684	−3.5684	−2.9640
	10% level	−3.2217	−3.2184	−3.2184	−2.6210
误差修正系数	α	−0.45622**	−0.41435***	−0.32145**	−0.3879**

注：*、**、***分别表示在10%、5%、1%的显著水平下显著。

与东部地区不同的是，中西部地区金融基础较薄弱，金融市场化程度低，金融发展规模较小，金融机构提供金融服务的成本较高。仅有一部分人能使用金融服务而增加自身的收入。金融发展不但没有降低本地区收入的不平等，相反却更进一步加剧了这种不平等，即中西部金融发展处于库兹涅茨倒“U”形曲线的前半段。

西部地区金融发展水平落后于中部地区，较低的市场化程度使得西部地区主要依赖于政策性金融的支持，信贷配给现象相比东、中部地区更加普遍，只有那些具有一定影响力的企业和个人才可以取得信贷支持，但是这种信贷往往是无效率的，使得收入分配差距拉大。从回归结果来看，西部地区金融发展效率与收入分配差距呈现负相关性，因此减少西部地区信贷配给，增加以市场为基础的具备竞争性的金融服务，对于提高西部地区金融效率、降低西部地区收入分配差距具有重要意义。但必须指出的是，西部地区金融效率的提高对收入分配差距的减少仅仅是短暂的，因为西部地区处于库兹涅茨曲线的初始阶段，随着金融的发展，其收入分配差距必然会拉大，经历与东部地区相同的情况，但是长期来看，随着金融发展水平的提高，中西部地区的收入分配的不均等程度都会降低。

6.3 本章小结

本章从区域层面对金融发展的收入分配效应进行了考察。总体金融发展规模的增加会显著拉大全国收入分配差距和区域之间的收入差距，金融发展效率的提高会降低总体收入差距和区域内的收入差距，但会拉大区域间的收入差距。具体来讲，金融发展效率每提高 1 个百分点，会缩小总体收入差距0.007842个百分点，缩小区域内收入差距0.00956个百分点，但会拉大区域间收入差距 0.001713 个百分点。从区域金融发展层面进行考察，我们得出的结论为：对于东部地区和东北地区，无论是金融发展规模的扩大还是金融发展效率的提升，都会显著降低本地区的收入分配的不平等性；对于中西部地区，金融发展规模的扩大会显著拉大区域内的收入分配的不平等性，而西部地区金融发展效率的提升对于降低短期收入分配的不平等性具有重要作用。由此可知，东部地区已经处于库兹涅茨倒“U”形曲线的后半段，中部地区处于该曲线的中间段，西部地区还处于该曲线的前半段。这意味着金融发展会缩小东部地区的收入分配差距，拉大中西部地区的收入分配差距，加剧该地区收入分配的不平等。

第 7 章　中国农村金融发展的收入分配效应分析

前面集中研究了金融发展对城乡和区域的收入分配效应，鉴于中国二元经济结构的特征，农村金融发展对农民的收入分配具有重要的影响，农村金融是广大农村地区配置各生产要素的重要渠道。本章将对农村金融发展的收入分配效应进行研究，重点考察农村金融发展对农村内部收入分配的影响和对城乡收入分配的影响。

7.1　中国农村金融发展的内部收入分配效应实证分析

7.1.1　农村金融发展与内部收入分配差距的联系

金融是要素流通和要素配置的重要媒介，农村金融是农村地区要素流通和要素配置的重要媒介，农村金融的规模影响着农村地区可供使用的要素总量，农村金融的效率影响着农村地区要素的使用效率。改革开放以来，中国金融的发展为经济增长起到了重要的推动作用，虽然农村金融发展远落后于全国金融的发展，但不可否认的是，农村金融在国家政策和自身内生动力的推动下亦在缓慢发展着，并以此推动着农村经济的发展。

广大农村在实现经济增长和农民增收的同时，内部的收入分配差距也在发生着重大变化。20 世纪 90 年代，中国整体收入分配的不平等主要来源于城乡收入的不平等，农村内部收入差距相对较小，但是进入 21 世纪后，伴随着城镇化进程的加快，农村内部收入分配的不平等性在逐渐扩大。张敬石和郭沛利用各地区农民人均收入的数据，整理计算出农村内部收入的基尼系数在 2000 年为 0.28，但是到 2008 年这一数值已经达到了0.35，农村内部收入分配差距呈现了快速上升的趋势。同时，不同地区、不同省份的收入差距表现出了差异性。[①] 总体来看，东部地区农村内部收入不平等性扩大较快，而中西部地区农村内部收入不平等性虽也在扩大，但是扩大的速度低于东部地区。诚然，农村内部收入分配差距的扩大，受到农村收入分配结构、分配制度和政府行为等因素的影响，但是作为要素流通和配置重要媒介的农村金融所起的作用也不容忽视。

我们考虑传统的生产函数：$Y=f(K,L,\mathrm{T})$，这里 K、L、T 分别表示农村的资本投入、农村劳动力以及农村技术水平。先考察农村劳动力这个变量。由于中国农村存在劳动力剩余，参考派瑞特（S.L.Parente）和普雷斯科特（E.C.Prescott）、温涛

① 张敬石，郭沛.中国农村金融发展对农村内部收入差距的影响——基于 VAR 模型的分析[J]. 农业技术经济，2011(11)：34-41.

以及余新平等的研究，对劳动力投入这个变量加一个限制 $\overline{L}$ ，生产函数可以表示为 $Y=f(K,T)\times\min(L,\overline{L})^{\theta}$ ，$\theta>0$。农村经济在劳动力达到了最大劳动力限制后将面临规模报酬不变的情况，总产出水平将取决于资本投入和技术投入，令 $m=\min(L,\overline{L})^{\theta}$ ，总产出函数可以表示为：

$$Y=mf(K,T) \tag{7-1}$$

对式(7-1)取全微分得到：

$$\mathrm{d}Y=m\frac{\partial f}{\partial K}\mathrm{d}K+m\frac{\partial f}{\partial T}\mathrm{d}T \tag{7-2}$$

我们接下来将考虑这个生产函数与农村金融发展之间的关系。决定资本投入的是资本的积累和资本的转化，而在资本积累和资本转化过程中起到重要作用的是金融发展。金融发展的规模体现了资本积累水平，金融发展的效率体现了储蓄向投资转化的速度，因此资本投入从本质上来说是农村金融发展的函数①：

$$K=f(NCCK,NCDK,CKZD) \tag{7-3}$$

对式(7-3)取全微分得到：

$$\mathrm{d}K=\frac{\partial F}{\partial NCCK}\mathrm{d}NCCK+\frac{\partial F}{\partial NCDK}\mathrm{d}NCDK+\frac{\partial F}{\partial CKZD}\mathrm{d}CKZD \tag{7-4}$$

同样，农村技术水平的高低取决于技术研发资金的投入和

① 金融发展水平应该还包括金融的结构，但考虑到中国农村金融中债券、股票、保险等规模所占比重非常小，因而我们在这里没有将农村金融发展的结构因素考虑在内。农村金融发展的规模可以用农村存款总额（$NCCK$）和农村贷款总额（$NCDK$）来衡量，农村金融发展的效率可以用农村存款转化为农村贷款的比率衡量（$CKZD$）。

农业科技的转化,而这两方面在一定程度上也依赖于农村金融发展水平的提高,因此我们也可以将农业技术要素作为农村金融发展的函数。

$$T = f(NCCK, NCDK, CKZD) \tag{7-5}$$

对式(7-5)取全微分得到:

$$\mathrm{d}T = \frac{\partial F}{\partial NCCK}\mathrm{d}NCCK + \frac{\partial F}{\partial NCDK}\mathrm{d}NCDK + \frac{\partial F}{\partial CKZD}\mathrm{d}CKZD \tag{7-6}$$

综合式(7-2)、(7-4)和(7-6)我们可以得到:

$$\frac{\mathrm{d}Y}{m} = \left(\frac{\partial f}{\partial K} + \frac{\partial f}{\partial T}\right)\frac{\partial F}{\partial NCCK}\mathrm{d}NCCK + \left(\frac{\partial f}{\partial K} + \frac{\partial f}{\partial T}\right)\frac{\partial F}{\partial NCDK}\mathrm{d}NCDK + \left(\frac{\partial f}{\partial K} + \frac{\partial f}{\partial T}\right)\frac{\partial F}{\partial CKZD}\mathrm{d}CKZD \tag{7-7}$$

其中,$\frac{\partial f}{\partial K}$、$\frac{\partial f}{\partial T}$ 分别为资本的边际产出水平和技术的边际产出水平,假定包含资本和技术投入的生产函数不具有规模效率,即 $\frac{\partial f}{\partial K} + \frac{\partial f}{\partial T} = 1$,那么式(7-7)可以进一步简化为:

$$\frac{\mathrm{d}Y}{m} = \frac{\partial f}{\partial NCCK}\mathrm{d}NCCK + \frac{\partial f}{\partial NCDK}\mathrm{d}NCDK + \frac{\partial f}{\partial CKZD}\mathrm{d}CKZD \tag{7-8}$$

式(7-8)左边可以近似为农村人均收入,用 $NCSR$ 表示;$\frac{\partial f}{\partial NCCK}$ 为农村存款对收入的边际影响,表示为 β_1;$\frac{\partial f}{\partial NCDK}$

为农村贷款对收入的边际影响，表示为 β_2；$\frac{\partial f}{\partial CKZD}$ 为农村存贷转化率对收入的边际影响，表示为 β_3。这样，式(7-8)可以转化为下面的模型：

$$\Delta NCSR = \beta_0 + \Delta\beta_1 NCCK_t + \Delta\beta_2 NCDK_t + \Delta\beta_3 \mathrm{CKZD}_t + \mu_t \quad (7\text{-}9)$$

7.1.2 模型建立、指标选择与数据来源

中国金融发展存在区域不均衡性，农村金融也具有非均衡性特点，因此本部分将从全国和区域层面分别研究农村金融发展的内部收入分配效应，以更好地反映农村金融发展对内部收入分配效应的不同。与时间序列数据相比，面板数据包含的信息更丰富，并且可在一定程度上解决小样本回归中误差偏大的问题，因此本部分将以面板数据作为建模的基础，模型如下：

$$DI_{i,t} = \alpha_i + \beta_1 NCCK_{i,t} + \beta_2 NCDK_{i,t} + \beta_3 CKZD_{i,t} + \varepsilon_{i,t} \quad (7\text{-}10)$$

上述模型中，$DI_{i,t}$ 为农村内部收入差距，i 为地区变量，t 为时间变量；α_i 为随机变量，表示第 i 个个体有不同的截距项；$\varepsilon_{i,t}$ 为模型的随机扰动项。

本部分将延续前面的分析方法，建立面板数据的协整回归方程和误差修正模型，以考察变量之间的长期关系和短期波动的影响。由于时间序列具有非平衡性，在建立协整方程之前，我们首先对各变量进行面板单位根检验。如果农村内部收入差距、存款、贷款和存款转贷款四个变量是同阶单整，则说明这些变量之间存在长期协整关系。那么可以对模型 7-10 进行回

归分析，估算变量之间的长期协整关系，并对回归所得的面板残差项做面板单位根检验。若残差项 $\varepsilon_{i,t}$ 平稳，则说明该回归方程是变量之间的协整方程，并且此协整方程描述了变量之间的长期稳定关系，反之则不然。

在估算出变量之间的协整关系后，利用面板数据回归残差作为误差修正项 ECM_{t-1}，将误差修正项作为其中的一个解释变量放入方程式的右边，与其他反映短期波动的解释变量一起建立误差修正模型，考察变量之间的短期关系。面板数据的误差修正模型可以表示为：

$$\Delta DI_{i,t} = \lambda_1 \Delta NCCK_{i,t} + \lambda_2 \Delta NCDK_{i,t} + \lambda_3 \Delta CKZD_{i,t} + \rho ECM_{t-1} + \mu_{i,t} \qquad (7\text{-}11)$$

式(7-11)中，Δ 表示变量的一次差分项，误差修正系数 ρ 表示长期均衡关系在短期出现偏离时的纠正速度。

反映收入分配差距最常用的指标是基尼系数，但是由于缺少农村基尼系数的统计资料，我们用各省每年农村居民人均纯收入按等级分组的数据计算变异系数，用该变异系数反映农村内部收入差距指标(DI)。由于统计方法的差异，有些省份是农村人均纯收入这一绝对数，有些省份是分组收入所占比重这一相对数，但由于变异系数的无量纲性，使得这种统计方法的不同不会影响问题的实质。农村内部收入分配差距指标的计算公式为：

$$DI_{i,t} = \frac{1}{\overline{Y_{i,t}}} \sqrt{\frac{\sum (Y_{i,t} - \overline{Y_{i,t}})^2}{n}} \qquad (7\text{-}12)$$

农村金融发展水平的指标包括：(1) 农村存款比率($NCCK$)＝(农业存款＋农村储蓄存款)/农业增加值，(2)农村贷款比率($NCDK$)=(农业贷款+乡镇企业贷款)/农业增加值,(3)存款转贷款($CKZD$)=农村贷款/农村存款。本部分所用数据包含1993—2009年中国30个省、直辖市、自治区的面板数据,按照区域经济联系的紧密性,划分为东部(北京、天津、河北、上海、江苏、浙江、福建、山东、广东和海南10个省、直辖市)、中部(山西、安徽、江西、河南、湖北和湖南6个省)、西部(内蒙古、广西、重庆、四川、贵州、云南、西藏、陕西、甘肃、青海、宁夏和新疆12个省、自治区、直辖市)、东北(辽宁、吉林和黑龙江3个省)四个地区。为了保证数据的一致性,将重庆市数据合并到四川省计算,数据来源于各省相关年份统计年鉴、《新中国六十年统计资料汇编》以及历年《中国农村统计年鉴》《中国统计年鉴》《中国农业统计资料》。

7.1.3 基于省际面板数据的分析

1.面板单位根检验

在进行协整分析之前必须进行面板单位根检验,只有同阶单整的数据才可以进行协整回归分析。面板单位根检验的方法有多种,每种方法的假设条件和适用情况不同,其中LLC检验和Breitung检验是假设面板数据中各截面序列具有相同的单位根过程,而IPS检验、Fisher-ADF检验和Fisher-PP检验则允许面板数据中的各截面序列具有不同的单位根过程。另外,Breitung检验必须含有漂移项和趋势项,IPS检验则至少含有漂移项和趋势项中的一项才可以进行。每种检验方法各有侧重也各有优劣，下面将同时使用这些检验方法对面板数据进行单位根检验，以保证检验结果的稳健性。

我们首先对含有漂移项和趋势项的检验式进行检验，其次对只含有漂移项的检验式进行检验，最后对既不含漂移项也不含趋势项的检验式进行检验，直到检验结果拒绝含有单位根过程为止，滞后阶数的选择依据为施瓦兹信息准则。

从检验结果可以得到，无论是全国层面的 30 个省、直辖市、自治区，还是四个地区，农村内部收入差距变量 *DI*、农村存款 *NCCK*、农村贷款 *NCDK*、农村存款转贷款的比率 *CKZD*，在 1%或者 5%的显著性水平下均为一阶单整过程 I(1)，可以进一步进行协整分析。

2.面板协整分析

由于各序列单位根检验结果均为一阶单整过程，说明各变量之间存在协整关系，下面将对各变量构成的协整方程进行估计。由于面板数据的回归模型存在固定效应和随机效应两种模型，因此在进行回归之前先进行固定效应和随机效应的检验，常用的是 F 检验和 Hausman 检验。检验的结果支持建立固定效应回归模型（见表 7-1），全国、东部、中部、西部和东北部层面进行的面板数据回归分析结果如表 7-2 所示。

表 7-1 面板数据单位根检验结果

		LLC	Breitungt-stat	IPSW-stat	ADF-Fisher Chisquare-stat	PP-Fisher-Chisquare-stat
全国	*DI*	−6.3245***	−5.2146***	−14.24569***	124.9546***	324.4215**
		(A,T,1)	(A,T,1)	(A,T,1)	(A,T,1)	(A,T,1)
	NCCK	−8.4216***	−6.2146***	−11.4786***	136.4578***	226.4158***
		(A,T,1)	(A,T,1)	(A,T,1)	(A,T,1)	(A,T,1)
	NCDK	−9.1456***	−7.8542***	−16.4523***	187.5214***	301.4218***
		(A,T,1)	(A,T,1)	(A,T,1)	(A,T,1)	(A,T,1)
	CKZD	−7.1258***	−5.2478***	−12.4123***	221.4789***	289.1265***
		(A,T,1)	(A,T,1)	(A,T,1)	(A,N,1)	(A,T,1)
东部	*DI*	−8.8975***	−7.2163***	−14.2647***	301.5248***	561.1547***
		(A,T,1)	(A,N,1)	(A,T,1)	(A,T,1)	(A,T,1)
	NCCK	−5.2314**	−4.6978***	−11.2156**	216.1379***	412.6978***
		(A,N,1)	(A,T,1)	(A,T,1)	(A,T,1)	(A,T,1)
	NCDK	−9.7321**	−8.1879***	−14.2546***	341.6145***	784.1275***

续表

		LLC	Breitungt-stat	IPSW-stat	ADF-Fisher Chisquare-stat	PP-Fisher-Chisquare-stat
东部		(A,T,1)	(A,T,1)	(A,T,1)	(A,T,1)	(A,T,1)
	CKZD	−6.2314**	−5.1264***	−10.4126*	124.4569***	203.1879**
		(A,T,1)	(A,T,1)	(A,T,1)	(A,T,1)	(A,T,1)
中部	*DI*	−12.2567***	−11.2346***	−15.2679***	201.2476***	403.1574***
		(A,T,1)	(A,T,1)	(A,T,1)	(A,T,1)	(A,T,1)
	NCCK	−10.8745**	−9.2643***	−11.4879***	298.2649***	877.1349**
		(A,T,1)	(A,T,1)	(A,N,1)	(A,T,1)	(A,T,1)
	NCDK	−16.2456***	−14.2975***	−13.2415***	213.6314***	436.9615***
		(A,T,1)	(A,T;1)	(A,T,1)	(A,T,1)	(A,T,1)
	CKZD	−11.2346***	−10.2467***	−16.4789***	302.4978***	916.4518***
		(A,N,1)	(A,T,1)	(A,T,1)	(A,T,1)	(A,T,1)
西部	*DI*	−21.2226***	−19.2587***	−23.1546***	413.7852***	1562.418***
		(A,T,1)	(A,T,1)	(A,T,1)	(A,T,1)	(A,T,1)
	NCCK	−19.4643***	−17.8542***	−20.4679***	398.1649***	963.1289**
		(A,T,1)	(A,T,1)	(A,T,1)	(A,T,1)	(A,T,1)

续表

		LLC	Breitungt-stat	IPSW-stat	ADF-Fisher Chisquare-stat	PP-Fisher-Chisquare-stat
西部	*NCDK*	−16.7945***	−15.4263***	−19.4138***	287.3617***	845.3216***
		(A,T,1)	(A,T,1)	(A,T,1)	(A,T,1)	(A,T,1)
	CKZD	−18.2379***	−15.4216***	−21.1289***	296.3678***	901.4879*
		(A,T,1)	(A,T,1)	(A,T,1)	(A,T,1)	(A,T,1)
东北	*DI*	−11.6324**	−10.2451***	−16.4518*	285.4156***	789.1645***
		(A,T,1)	(A,T,1)	(A,T,1)	(A,T,1)	(A,T,1)
	NCCK	−15.5526**	−13.2468***	−19.4579***	397.2105***	970.3269***
		(A,T,1)	(A,T,1)	(A,N,1)	(A,T,1)	(A,T,1)
	NCDK	−18.7546**	−16.4879***	−22.4791***	264.1875***	812.6489***
		(A,T,1)	(A,T,1)	(A,T,1)	(A,T,1)	(A,T,1)
	CKZD	−14.4578***	−12.4568***	−19.7412***	214.7645***	469.1456***
		(A,T,1)	(A,T,1)	(A,T,1)	(A,T,1)	(A,T,1)

注：*、**、***分别表示在10%、5%、1%显著性水平下显著；括号内A表示单位根检验时含有漂移项，T表示含有趋势项，N表示不含有漂移项；最后一项表示差分阶数。

表 7-2　模型估计结果

		被解释变量 *DI*				
		全国	东部	中部	西部	东北部
解释变量	*NCCK*	0.2547***	0.3214***	0.2146**	0.1478***	0.2541**
		(5.1789)	(6.5874)	(4.3614)	(3.5219)	(2.6978)
	NCDK	0.4156***	−0.2645**	0.4156***	0.2146**	−0.1752***
		(5.6415)	(6.2546)	(2.4152)	(4.6379)	(1.1479)
	CKZD	0.2168***	−0.4126**	0.3785**	0.5214***	0.3146**
		(3.4986)	(5.1976)	(1.4978)	(2.6945)	(3.1458)
残差平稳性检验	LLC	−6.1456*** (A,T,0)	−5.2147** (A,T,0)	−4.6578*** (A,T,0)	−6.1475*** (A,T,0)	−3.1236*** (A,T,0)
	Breitung	−2.1423*** (A,T,0)	−3.1459*** (A,T,0)	−3.1475** (A,T,0)	−4.2156** (A,T,0)	−2.1478*** (A,T,0)
	IPS	−10.2415*** (A,T,0)	−14.2568** (A,T,0)	−16.2345** (A,T,0)	−11.4789** (A,T,0)	−10.2416*** (A,T,0)
	Fisher-ADF	124.1542** (A,T,0)	145.2147** (A,T,0)	114.1298** (A,T,0)	104.5217** (A,T,0)	115.3978** (A,T,0)
	Fisher-PP	168.2156*** (A,T,0)	189.4621*** (A,T,0)	164.2185** (A,T,0)	148.2318** (A,T,0)	169.2417*** (A,T,0)

注：*、**、***分别表示在 10%、5%、1%显著性水平下显著，括号内为相应回归系数的 t 统计值。

五个回归方程的残差序列均通过了平稳性检验，意味着五个回归方程中变量之间具有稳定的长期协整关系。全国层面的农村存款比率、农村贷款比率以及农村存款转为贷款的比率都为正值，并且均在1%的显著性水平下显著。这说明农村金融发展对扩大农村内部的收入分配差距具有推动作用，在其他条件保持不变的情况下，农村存款比率每提高1个百分点，将扩大农村内部收入不平等0.2547个百分点；农村贷款比率每提高1个百分点，将扩大农村内部收入不平等0.4156个百分点；农村存款转贷款的比率每提高一个百分点，将扩大农村内部收入不平等0.2168个百分点。东部地区农村金融发展的收入分配效应呈现出与全国不同的特点，农村存款的增加也会扩大东部地区农村内部收入分配的不平等，但是农村贷款以及存款转贷款的比率回归系数为负值，说明东部农村贷款每提高一个百分点，东部农村内部收入分配的不平等性将减少0.2645个百分点，而存款转贷款的比率每提高1个百分点，东部农村内部收入分配的不平等性将减少0.4126个百分点，意味着东部地区农村金融发展对农村内部收入分配差距的缩小具有积极作用。中、西部地区农村金融的发展呈现出相同的特征，无论是农村存款、农村贷款还是存款转化贷款的比率，它们的提高都会不同程度地扩大本地区的农村居民收入差距。东北地区农村存款的增加会扩大内部收入分配差距，农村贷款的增加会缩小内部收入分配差距，存款转贷款比率的提高会扩大该地区农村收入差距。

由于农村内部收入分配差距和农村金融发展各变量之间

存在长期稳定关系，这意味着经济系统存在一种自我稳定的机制。如果在某时期受到干扰后偏离长期均衡点，经济系统将会在下一期进行调整，以使其重新回到均衡状态，因此误差修正模型描述的是变量短期波动的影响。表 7-3 为误差修正模型的估计结果。结果表明，农村内部收入分配差距和农村金融发展之间的均衡关系发生偏离时，经济系统将会自我纠正，但纠正的速度不同。其中全国层面的经济系统纠正需要 4 期左右，东部地区的纠正速度最快需要 3 期左右，中部和东北部的纠正速度为 5 期左右，而西部地区的调整时间最长为 7 期左右。

表 7-3　误差修正模型估计结果

	被解释变量 ΔDI				
解释变量	全国	东部	中部	西部	东北部
$\Delta NCCK$	0.06314**	−0.3142***	0.2149**	0.2678***	−0.1689***
	(0.4168)	(−1.0245)	(1.1423)	(1.2456)	(−1.4143)
$\Delta NCDK$	0.0214*	0.1746**	−0.2614**	0.2978**	−0.3147**
	(0.3614)	(0.3214)	(−1.2546)	(0.4156)	(−1.2456)
$CKZD$	0.0178*	0.1246**	0.3126**	0.3614**	0.2104**
	(0.2678)	(0.9412)	(0.8541)	(0.6314)	(0.7451)
ECM_{t-1}	−0.2514***	−0.3318***	−0.2142****	−0.1425***	−0.2142***
	(−0.1421)	(−1.4562)	(−2.5679)	(−3.6412)	(−8.1456)

注：*、**、***分别表示在 10%、5%、1%显著性水平下显著，括号内为相应回归系数的 t 统计值。

7.2　中国农村金融发展的城乡收入分配效应实证分析

7.2.1　农村金融发展实现城乡收入分配效应的机理

根据默顿(Z. Merton)和博迪(R. Bodie)、莱文(D. Levin)、黎翠梅的研究结果,从金融功能观的角度分析,农村金融发展主要是通过三种机理影响农村经济发展的。

首先,农村金融发展直接制约着农村资本形成,影响着农村经济的发展,进而影响城乡收入分配。储蓄总量的增长和储蓄—投资转化率的提高,是资本形成的两个基本条件;农村金融发展不但肩负着有效动员农村储蓄的重任,而且承担着加速农村储蓄向投资转化的重任。有效的储蓄动员可以实现农村资本的原始积累,缓解农村经济发展的压力,促进农村经济的快速发展,进而提高农民收入、缩小城乡收入分配的差距;快速的储蓄—投资的转化可以实现资本在不同经济主体之间的合理流动,提高资本的配置效率,还可以通过投资实现农民收入的保值增值,直接增加农民收入,缩小城乡收入差距。

其次,农村金融发展直接制约着农村资本配置,影响农村经济发展和收入在城乡居民之间的分配。随着农村金融发展水平的提高,农村资金将通过农村金融体系配置到资本边际效率最高的项目中,促进农村经济的发展,实现收入在城乡之间的分配。在成熟的金融市场中，资金供给者能够通过有效的信息评估和信息甄别机制，科学合理地评估资金需求者的项目，降低信贷风险，促进资本的有效配置。但是中国农村市场中存在信息不对称、缺乏抵押担保物以及非生产性借贷等问题，农村资金被配置到了非农行业，农村金融发展反而加剧了资金流出农村市场，这进一步拉大了城乡收入的差距。

最后，农村金融发展直接制约着农村工业的技术创新，影响着农村经济的发展和收入在城乡之间的合理分配。中国农村发展的方向是农村工业化和城镇化，而农村工业的技术创新则是连接农村金融发展、农村经济增长和农民收入增加的桥梁和纽带；完善的农村金融体系，不仅可以从源头上为农村工业的技术创新夯实资金基础，而且更重要的是通过融资促进整个农村工业技术创新成果的应用和推广普及。

7.2.2　变量选择及数据来源

1.变量选择

(1)城乡收入分配差距指标。目前对城乡收入分配差距的研究中，多数学者使用城镇居民人均可支配收入与农村居民人均纯收入的比值作为衡量城乡收入分配差距的指标，这个指标的优点是简单且数据具有可得性，为实证分析带来了便利，但是用这种方法计算出的城乡收入分配差距并没有反映出城乡人口所占比重的变化。中国正处于城镇化加速发展的阶段，城镇化水平的提高使得农村人口所占比重下降，在这种情况下用农村居民人均纯收入衡量农民收入会有较大的误差。基于此，王少平将城乡人口比重考虑进去，采用泰尔指数来衡量城乡收入分配差距。[①] 其公式为：

$$cr_t = \sum_{i=1}^{2}\left(\frac{y_{it}}{y_t}\right)\log\left(\frac{y_{it}}{y_t}/\frac{p_{it}}{p_t}\right)=\frac{y_{1t}}{y_t}\log\left(\frac{y_{1t}}{y_t}/\frac{p_{1t}}{p_t}\right)+\frac{y_{2t}}{y_t}\log\left(\frac{y_{2t}}{y_t}/\frac{p_{2t}}{p_t}\right) \tag{7-13}$$

其中，cr_t 表示 t 时期城乡居民收入差距；$i=1$ 表示城镇，$i=2$表示农村，y_{1t} 表示城镇居民人均收入，y_{2t} 表示农村居民人均收入，y_t 表示城乡居民总收入（分别用人均收入与相应城乡人口相乘得到），p_{1t} 表示城镇居民人口，p_{2t} 表示农村居民人口，p_t 表示总人口数。

(2)农村金融发展规模指标。在衡量金融发展规模指标方面，麦氏指标（M_2/GDP）和戈式指标（FIR）被广泛应用，然而麦氏指标在使用过程中存在很多质疑。莱文和泽尔沃斯指出，麦氏指标不能有效度量负债的来源和金融系统的资源配置，王毅等人认为麦氏指标不能准确度量中国金融发展的规模，在度量中国金融深化程度时存在较大的误差，用此指标度量的中国金融发展无法解释 M_2/GDP 偏高的问题。鉴于此，很多研究用戈式指标(FIR)作为衡量金融发展的指标，这里我们也用戈氏指标(FIR)中的金融相关率作为度量农村金融发展规模的指标，将农村金融发展的规模定义为 RFD，即 RFD=（农村贷款+农村存款）/农村 GDP，其中农村贷款用农业贷款与乡镇

① 王少平.中国城乡收入差距对实际经济增长的阈值效应[J].中国社会科学，2008(2)：22-34.

企业贷款之和衡量，农村存款用农业存款＋农村储蓄存款之和衡量；由于缺少农村 GDP 的统计数据，我们用第一产业 GDP 与乡镇企业增加值的和来代替。

(3)农村金融发展效率指标。金融效率包括微观效率和宏观效率，微观效率指金融机构创造利润的能力，宏观效率指金融机构服务经济的能力。作为经济体融通资金的主渠道，金融机构的效率主要体现在将社会储蓄及时转化为社会投资的能力。因此，农村金融发展效率衡量的是农村金融机构将农村储蓄转化为农村投资的能力。我们将农村金融发展效率定义为 RFE，即 RFE＝农村贷款/农村存款。显然这个比例越大，说明金融机构将农村储蓄转化为农村投资的能力越强，即农村金融效率越高，反之亦反之。

(4)其他控制变量指标。考虑到其他因素也会影响到城乡收入分配差距，我们将城镇化水平和城乡就业结构作为控制变量加入模型中。多数研究用城镇人口占总人口的比重来衡量城镇化水平，然而城镇居民中有一部分没有城镇户籍，用这个指标衡量城镇化水平存在低估的可能，因此我们采用非农就业人口占总人口的比重来表示城镇化水平，即 urban＝非农就业人口/总人口。改革开放后，农村大量富余劳动力流向城市，来自城镇的务工人员收入已经成为农村居民纯收入的重要组成部分；同时，第二、三产业的非农产业收入所占农民总收入的比重也在不断提高，成为影响农村居民纯收入的重要因素。因此我们借鉴王征和鲁钊阳的研究方法，将城乡就业结构作为控制变量加入模型，定义城乡就业结构 emps＝第二、三产业就业人员数/总就业人数。

2.数据来源及模型建立

本部分所用数据取自《中国统计年鉴》(1978—2012)、《中国农村统计年鉴》(1978—2012)、《新中国六十年统计资料汇编》、《中国金融统计年鉴》(1978—2012),同时为了降低数据异方差的影响,将每个指标数值取对数以后再建立模型。由于西藏、海南缺乏农村的统计资料,故将其忽略;重庆市在1997年后才设立直辖市,故将其数据合并入四川省;同时考虑到城乡收入差距的前期水平对后期水平有影响,因此将城乡收入差距的滞后一期值加入模型中,这样得到了时间跨度为1978—2012年的包含28个省级单位的动态面板数据模型:

$$\ln cr_{i,t}=\eta_i+\beta_1\ln cr_{i,t-1}+\beta_2\ln rfd_{i,t}+\beta_3\ln rfe_{i,t}+\beta_4\ln urban_{i,t}+\beta_5\ln emps_{i,t}+\varepsilon_{i,t} \tag{7-14}$$

在模型(7-14)中,$i=1,2,3,\cdots,n$ 表示不同地区;$t=1,2,3,\cdots,T$ 表示不同时间;η_i 表示各个截面个体即不同省份的差异;$\varepsilon_{i,t}$ 为随机扰动项。

7.2.3 模型估计及实证分析

面板数据模型最常用的估计方法是固定效应(fixed effect)模型和随机效应(random effect)模型,但是由于动态面板数据模型中含有被解释变量的滞后一期,这就意味着解释变量的内生性问题将难以避免。传统的面板数据的估计方法无法解决解释变量中的内生性问题。为了克服解释变量的内生性问题,阿雷亚诺(C. Arellano)与波弗(F. Bover)提出了差分广义矩估计(Diffence GMM)的方法,在此基础上布伦德尔与邦德(Blundell&Bond)提出了系统广义矩估计(System GMM)的方法。其基本思路是:一方面利用差分方程来消除固定效应,并使用自变量的水平滞后项作为差分项的工具变量;另一方面又使用差分项的滞后项作为水平项的工具变量,通过增加工具变量的个数来解决水平滞后项的弱工具变量问题。系统广义矩估计方法综合利用了水平变化和差分变化的信息,因此其估计结果比普通最小二乘法(OLS)和固定效应模型更稳健。接下来的分析中我们将分别用差分广义矩估计和系统广义矩估计的方法进行模型的估计。

表 7-4 是动态面板数据的估计结果,回归系数联合估计检验的 Wald 值都在 1%的显著性水平下显著,说明模型(7-14)设立具有合理性。两种估计方法的一阶差分序列(m_1)负相关,二阶差分序列(m_2)不相关,说明两种估计方法的工具变量选择是有效的。两种估计方法中,在 1%的显著性水平下,一步估计的 Sargan 值不显著,两步估计的 Sargan 值显著,因此两步差分的工具变量法较有效。

表 7-4　动态面板数据 GMM 估计结果

	DIF(1)	DIF(2)	SYS(1)	SYS(2)
$\ln cr_{i,t-1}$	0.46123***	0.4195***	0.4156***	0.4169***
	(2.1406)	(3.0219)	(2.0123)	(1.0421)
$\ln rfd_{i,t}$	0.1246***	0.1479***	0.1345***	0.1329***
	(3.1245)	(1.0412)	(2.4679)	(2.1148)

续表

	DIF(1)	DIF(2)	SYS(1)	SYS(2)
$\ln rfe_{i,t}$	0.0764**	0.0592**	0.0612**	0.0589**
	(1.1325)	(1.0336)	(1.9714)	(1.2479)
$\ln urban_{i,t}$	−0.0189*	−0.0124*	−0.0214*	−0.0318*
	(−1.1102)	(−2.0049)	(−2.3546)	(−3.0145)
$\ln emps_{i,t}$	−0.1478**	−0.1146**	−0.1458**	−0.1196**
	(−1.0026)	(−1.4879)	(−1.9971)	(−1.1245)
η_i	0.4879*	0.3978**	0.4001**	0.3876*
	(2.3314)	(2.1189)	(1.0069)	(2.4125)
m_1	−2.2348***	−2.4578***	−1.4976***	−2.3324***
m_2	0.5217	0.6621	0.4698	0.7184*
Sargan 检验 P 值	0.0014	1.0000	0.0012	1.0000
Wald 检验值	421.32***	558.31***	341.89***	401.12***

注：1.DIF(1)和 DIF(2)分别是差分广义矩估计方法的一步估计和两步估计结果。

2.SYS_1 和 SYS_2 分别是系统矩估计方法的一步估计和两步估计结果。

3.m_1 和 m_2 分别是阿雷亚诺和波弗构造的一阶和二阶序列相关检验。

4.Sargan 是工具变量过度识别检验，其中原假设是工具变量是有效的。

5.系数联合显著性 Wald 检验的零假设为各个解释变量的系数均为零。

6.*、**、***分别表示在 10%、5%、1%显著性水平下显著，括号内为相应回归系数的标准差。

进一步分析两种有效估计方法的回归系数可以得到，滞后一期的城乡收入差距的回归系数为 0.41 左右，说明前期的城乡收入差距对后一期的城乡收入差距具有明显的正向影响，前期的城乡收入差距对后一期的城乡收入差距具有 41%左右的影响力；农村金融发展规模的回归系数为正值，并且在 1%的显著性水平下显著，说明农村金融规模的增加并没有缩小城乡收入差距，相反却是拉大了城乡收入差距；分析农村金融效率也能得出相同的结论，农村金融发展规模的扩大和效率的提高对城乡收入差距的缩小并没有积极作用。农村金融机构吸收农村储蓄存款，但这些农村存款并没有转化为农村贷款，而是将农村有限的资金投资到了城镇经济中，农村金融机构长期扮演着农村资金“抽水机”的作用。农村资金脱农化倾向严重，农民融资难问题长期制约着农村经济的增长和农民增收，而城镇经济由于可利用资金较多增长迅速，农村金融规模的扩大和效率的提高并没有缩小城乡收入差距的结论便不难理解了。

下面是其他控制变量对城乡收入分配的影响分析。中国处于城市化和农业现代化的关键时期，城市化水平的提高对城乡居民尤其是农村居民的收入增长具有重要影响。从模型估计的结果来看，城市化水平解释变量（*urban*）的回归系数为负值，但是只有在 10%的显著性水平下显著。这说明城市化水平与城乡居民收入差距具有负相关关系，但是城市化水平的提高对缩小城乡收入差距的作用并不明显。城市化进程中存在极大的不平衡性，绝大部分农村地区远离城市核心区，城市化发展缓慢，由城市发展带来的经济增长并没有惠及所有农民。

城乡就业结构(*emps*)的回归系数为负值,在5%的显著性水平下显著。政府积极实施转移农村富余劳动力的战略,被转移的农村富余劳动力进入城市务工,大部分都进入了第三产业,第三产业就业机会的增加不但转移了农村富余劳动力,而且为农民增收建立了新的渠道,非农收入占农民家庭总收入的比重不断提高,第二、三产业就业人数的增加对缩小城乡收入差距具有积极作用。

7.3 本章小结

本章从农村内部和城乡两个层面考察了农村金融发展的收入分配效应,农村金融发展对推动农村经济发展具有重要作用,农村金融发展在促进经济增长的同时影响着收入分配。农村金融发展对农村内部收入分配效应表现出了地域性特征。在其他条件保持不变的情况下,全国农村存款比率每提高1个百分点,将扩大农村内部收入不平等0.2547个百分点;农村贷款比率每提高1个百分点,将扩大农村内部收入不平等0.4156个百分点;农村存款转贷款的比率每提高1个百分点,将扩大农村内部收入不平等0.2168个百分点。东部地区农村金融发展的收入分配效应呈现出与全国不同的特点,农村存款的增加也会扩大农村内部收入分配的不平等;东部农村贷款每提高一个百分点,内部收入分配的不平等性将减少0.2645个百分点;而存款转贷款的比率每提高1个百分点,农村内部收入分配的不平等性将减少 0.4126 个百分点。东部地区农村金融发展对农村内部收入分配差距的缩小具有积极作用。中、西部地区农村金融的发展呈现出相同的特征，无论是农村存款、农村贷款还是存款转化贷款的比率，它们的提高都会不同程度地扩大本地区的农村居民收入差距。对东北地区而言，农村存款的增加会扩大内部收入分配差距，农村贷款的增加会缩小内部收入分配差距，存款转贷款比率的提高会扩大该地区农村收入差距。

农村金融发展对城乡收入分配差距的影响主要是通过三个途径实现：资本形成、资本配置和技术创新。利用动态面板数据对农村金融发展的城乡收入分配效应进行分析可以得到，前期城乡收入差距与后一期具有较强的正相关关系，前期的城乡收入差距对后一期的城乡收入差距具有 41% 左右的影响。农村金融规模的增加和效率的提高并没有缩小城乡收入差距，相反却是拉大了城乡收入差距。对其他影响城乡收入差距的控制变量进行估计发现，城市化水平对城乡收入差距的缩小具有积极作用但并不显著，而城乡就业结构对缩小城乡收入差距具有较为显著的影响，模型中该变量的回归系数为负值。第二、三产业的发展能转移吸收大量农村富余劳动力，增加农民的非农收入，为农民增收建立了新的渠道，非农收入占农民家庭总收入的比重不断提高，第二、三产业就业人数的增加对缩小城乡收入差距具有积极作用。

第 8 章　结论、政策建议及研究展望

金融发展与经济增长关系的研究已经取得了丰富的成果，本书进一步拓展这个领域，考察金融发展对收入分配的影响，即关注金融发展的收入分配效应。通过理论分析得到金融发展对收入具有分配效应，金融发展的收入分配效应是通过经济增长机制、门槛机制、非均衡机制和技术进步机制实现的。

8.1　研究结论

首先，金融发展水平影响着储蓄率以及储蓄向投资的转化，金融发展可以提高储蓄率，提高储蓄向投资转化的效率，提高资本的边际效率，而这直接影响着不同地区经济增长的速度。金融发展水平的差异对应的是居民收入分配的差异。

其次，金融发展对收入的影响存在门槛效应。在经济和金融发展的早期，由于金融市场欠发达，金融服务覆盖面小，金融机构的运营成本较高，相应的金融服务的价格较高，只有收入较高的一部分人愿意支付成本而享受到金融服务，从而总体上

提高了这部分人的收入水平，富人和穷人的收入差距会拉大。当金融中介充分发展的时候，穷人也会逐渐积累财富直至超过门槛财富水平并获得充分的金融服务，人人都能获得同样的较高的投资收益，收入分配格局最终会稳定在平等水平。

再次，金融作为一种资源在各地区以及城乡之间的配置是不均衡的，这种金融资源配置的非均衡性导致了金融发展的非均衡性。金融具有二重属性，一方面其本身是一种资源，更重要的是它又是一个能配置其他资源的资源。对金融资源的占有量相应代表了对其他资源的占有量，金融资源通过对其他资源的配置实现了对收入在不同群体间的配置。

最后，在经济发展中能够使用新技术进行生产的部门更能获得较高的收入，而技术创新是需要相应的资金支持的。资金的来源有两个渠道：一个是内部积累，另外一个就是外部信贷支持。在投资的“不可分割性”不能被忽略的条件下，依靠内部积累的部门由于缺乏资金阻碍了部门的技术创新，而一些能够获得外部信贷支持的部门更有机会进行技术创新，则可以有效改善消费和提高生产效率。

在对金融发展的收入分配效应进行理论分析的基础上，本书对金融发展的收入分配效应从总体、城乡、区域三维角度进行了实证分析，进一步得到了金融发展具有收入分配效应的证据。

考察全国范围的金融发展水平与收入分配差距的关系的实证分析表明，以金融相关率衡量的金融发展水平与收入分配差距之间存在倒“U”形关系，因此政府应制定政策推动中西部地区和农村地区金融发展,引导金融资源向中西部地区和广大农村地区流动,以此缩小地区之间以及城乡之间的收入分配差距,实现地区之间以及城乡之间的和谐发展。基于 VAR 模型的实证分析我们得到,金融发展规模是影响城乡收入差距的最主要因素;人均 GDP 和城市化水平对城乡收入差距变化的影响次之。而金融发展效率对城乡收入差距变化的贡献度是最小的,说明金融发展效率对城乡收入差距变化的影响不大。

考察区域金融发展层面,我们得出的结论是:东部地区和东北地区的金融发展,无论是金融发展规模的扩大还是金融发展效率的提升,都会显著降低该地区的收入分配的不平等性;中西部地区金融发展规模的扩大会显著拉大区域内的收入分配的不平等性,而西部地区金融发展效率的提升,在短期对于降低收入分配的不平等性具有重要作用。通过分析我们可以得出结论:东部地区已经处于库兹涅茨倒"U"形曲线的后半段,而中部地区处于该曲线的中间段,西部地区尚处于该曲线的前半段。

之后,我们从农村内部以及城乡角度研究了农村金融发展的收入分配效应。从全国层面看,农村金融规模的扩大和金融效率的提高都会显著增大农村内部的收入差距,同时农村金融发展对农村内部的收入分配差距的影响表现出地域性特征:东部地区农村金融发展对农村内部收入分配差距的缩小具有积极作用;中、西部地区农村金融的发展都会不同程度地扩大本地区的农村居民收入差距;对东北地区而言,农村存款的增加会扩大内部收入分配差距,农村贷款的增加会缩小内部收入分配差距，存款转贷款比率的提高会扩大该地区农村收入差距。农村金融发展对城乡收入分配差距的影响主要是通过三个途径实现：资本形成、资本配置和技术创新。农村金融规模的增加和效率的提高并没有缩小城乡收入差距，相反却是拉大了城乡收入差距。

8.2　政策建议

改革开放以来，中国经济保持高速增长，金融体制改革和金融发展也取得了重大进展，为服务经济、推动经济增长作出了贡献。但前面的研究表明，金融发展在改善收入分配方面的作用却是相当有限的，金融发展不但没有抑制收入分配差距的扩大，反而一定程度上加剧了社会收入分配的不均。适当的收入差距可以起到激励作用，推动经济社会的发展，但是不断拉大的收入差距将给经济和社会的发展带来危害，引起一系列的社会问题。解决收入分配差距过大的问题，一方面需要通过财政手段实现收入的再分配，另一方面是利用市场对资源的配置调节实现经济增长成果的全民共享。金融是市场配置资源的重要中介，金融发展对收入具有分配效应，应进一步加强对金融体制的改革，释放金融活力，使金融发展对收入的分配更体现公平性。良好的金融体系不仅可以促进经济增长，而且可以缩小收入分配差距，实现经济增长与分配公平的双赢。

首先，进一步健全金融机构体系，实现金融与经济互动协调发展。金融与经济是互动协调发展的,一方面金融业要把服务经济发展作为第一要务;另一方面,经济发展不能超越金融资源供求和环境承受能力的约束,更不能使金融背负超越其基本属性的责任。应正确处理经营绩效与风险防范的关系,正确处理实体经济和虚拟经济的关系,形成金融与经济互动互利的双赢局面。健全的金融中介机构可以保持资金流动的畅通,实现整个金融体系的平稳运行。建立健全金融组织体系可以丰富金融生态,创新金融供给,满足不同层次、不同市场主体对金融服务的需求,促进金融和谐发展。健全金融体系不仅需要推动商业银行、证券公司、保险公司和信托投资公司发展,而且需要推动政策性金融机构、中小金融机构的发展。政府应进一步放宽对金融业的限制,降低进入金融业的门槛,积极鼓励和引导民间资本进入金融业,在完善金融体系的同时增加金融市场的竞争,通过减少各项税费等方式降低金融企业的服务成本,使金融服务能够惠及更多的人。

其次,实现金融资源合理均衡配置。合理均衡的金融资源配置应能满足不同层次市场主体对金融的多样化需求,提高金融消费者的福利水平。影响我国金融结构合理均衡发展的问题突出表现在:一是城乡金融发展差距大,弱势群体享受到的金融服务极为有限;二是金融资源区域配置不均衡,东部地区占有的金融资源较多,中西部地区金融资源匮乏。政府应通过相应的政策,积极鼓励和引导金融资源向广大农村地区流动,鼓励金融机构在中西部地区设立分支机构,尤其要鼓励和引导金融机构在中西部地区的农村建立服务机构,解决中西部地区金融资源匮乏阻碍经济发展的问题；通过合理引导金融资源向中西部地区的流动，促进这些地区经济增长，缩小区域之间的收入差距。实行有差别的信贷政策，对落后地区实行较为宽松的管理模式，适当调整存贷款考核比例，加大授信额度，增强中西部地区商业银行支持经济发展的信贷供给能力；在利率和信贷期限上对中西部地区分行实行比东部地区更加优惠的政策，降低中西部地区商业银行分行的准备金率，扩大对中西部地区的货币资金供给，满足中西部地区投资的合理需求；根据地区发展的特点，实施有差别的存款准备金率和再贴现率，通过调整资金使用成本促进资金向中西部地区流动，进一步调控金融资源在空间上的配置。

再次，实现金融发展的广化效应。促进金融发展的收入分配效应的另一项措施是，在渐进的金融改革过程中积极创造条件实现金融广化，将金融服务拓展到更广泛的客户群体，避免金融自由化的收益仅仅被少数人获得。在发展中国家，自由化改革的金融广化，首先是减少和降低支付账户的准入障碍和适用成本，将其扩展到全社会；其次是实现正的存款利率以及存款保险制度、消费信贷和商业信贷，也应该逐步减少收入限制，不断降低低收入者、中小企业享受金融服务的门槛。在业务范围或者服务地域上对金融市场进行分割，通过数量限制使某些金融机构必须为特定群体或地区提供服务，虽然有时会带来竞争效率的损失，但是有利于自由化过程中的金融广化。所以从收入分配的角度看，正式与非正式金融市场之间的分割，以及正式金融市场内部分割是金融发展过程中的合理选择。

最后，建立多层次、广覆盖、可持续的普惠性农村金融体系，加大对“三农”的支持力度。我国城乡金融分割严重，农村金融发展严重落后于城市，真正服务于“三农”的金融机构数量极少，同时缺乏与农业生产经营特点相匹配的政策性金融机构和小微型金融机构。政府一方面应鼓励和引导商业性金融机构服务“三农”，另一方面应建立完善的政策性金融机构，逐步形成以银行金融机构为主，多种政策性金融机构并存的，包括保险、证券、担保机构在内的多层次、广覆盖的农村金融机构体系。针对农村、农民和农业的特征，开发适合农村的各类金融产品。进一步探索解决农村融资担保难问题，在城镇化和农业现代化程度高的地区，鼓励金融部门和当地政府配合推动农村土地承包经营权合理流转和利用农村宅基地抵押贷款等方式，拓展农村可用资金渠道，解决农民贷款难问题。继续推动农村信用社改革。农村信用社作为服务于农村的金融主力军，对农村金融发展和农村金融稳定具有举足轻重的作用，但是农村信用社由于历史问题存在产权不清、经营效率低下、经营风险较高等问题，应继续推动农村信用社改革，建立科学合理的现代治理结构，提高经营效率的同时降低经营风险，使其更好地服务于“三农”。降低农村金融市场的进入门槛，鼓励和引导民间资本进入农村金融市场，探索民间资本进入农村金融市场的方式，继续增加以村镇银行、小额贷款公司和资金互助社为代表的新型农村金融机构的数量，给予新型农村金融机构更加优惠的政策，增强其扎根农村、服务农民、贡献农业的信心。通过引导各类金融资源进入农村市场，促进农村地区经济发展，解决城乡收入差距不断拉大的问题。

8.3　研究展望

本书仅是从总收入角度对金融发展的收入分配效应进行了研究，总收入又可分解为工资性收入、经营性收入、投资性收入、资产性收入和转移性收入，金融发展对不同层面的收入分配影响是否一致，金融发展又是如何影响不同层面的收入水平的，不同层面的收入水平如何影响收入分配的平等性，也是非常值得研究的方面。

金融发展的收入分配效应可以分为宏观分配效应和微观分配效应，宏观分配效应是从整体的层面考察金融发展与收入分配不平等的问题，正如本书所关注的全国层面、城乡层面和区域层面。进一步的研究可以关注金融发展的微观层面，从个人或者家庭所获得金融服务的数量以及金融产品的类型方面，考察金融发展的收入分配效应。

参考文献

一、中文文献

1.爱德华·肖. 经济发展中的金融深化[M].邵伏军，等译. 上海：上海三联书店，1988.

2.雷蒙德·W. 戈德史密斯. 金融结构和金融发展[M]. 周朔，等译. 上海：上海三联书店，1994.

3.蔡昉. 城乡收入差距的政治经济学[J].中国社会科学，2000(4)：11-22.

4.蔡昉. 中国地区经济增长的趋同与差异——对西部开发战略的启示[J].经济研究，2000(10)：30-37.

5.陈雨露，马勇. 农户信用与收入的基本框架及其差异化解释[J].改革，2009(4)：84-90.

6.陈志刚，王皖君. 金融发展与中国的收入分配：1986-2005[J].财贸经济，2009(5)：36-41.

7.崔萍. 中国农村收入分配与农村金融实证研究[J].广东财经职业学院学报，2009(3)：64-68.

8.胡金焱，卢立香. 中国非正规金融研究的理论综述[J]. 教学与研究，2005(9):75-81.

9.胡金焱，张乐. 非正规金融与小额信贷:一个理论评述[J].金融研究,2004(7):123-131.

10.胡金焱,卢立香. 地区金融发展与城乡收入差距的因应:1986-2007 [J].改革,2009(2):81-87.

11.胡金焱. 中国农村非正规金融: 金融的边缘化与制度创新，复旦大学博士后研究报告，2004.

12.胡宗义,刘亦文. 金融非均衡发展与城乡收入差距的库兹涅茨效应研究——基于中国县域截面数据的实证分析[J]. 统计研究,2010(5):13-18.

13.李广众,陈平. 金融中介发展与经济增长: 多变量 VAR 系统研究[J].管理世界,2002(3):12-15.

14.李敬，冉光和，孙晓铎. 中国区域金融发展差异的度量与变动趋势分析[J].当代财经,2008(3):34-40.

15.李萍，张道宏. 金融发展与地区经济差距[J]. 统计研究，2004(12):6-9.

16.李实,赵人伟. 中国居民收入分配再研究[J]. 经济研究，1999(4): 3-17.

17.李实. 中国个人收入分配研究回顾与展望[J]. 经济学季刊，2003(2):379-404.

18.李实. 中国农村劳动力流动与收入增长和分配[J].中国社会科学,1999(2):16-33.

19.刘敏楼. 金融发展的收入分配效应[J].上海金融,2006

(1):8-11.

20.刘小玄,周晓艳. 金融资源与实体经济之间配置关系的检验[J].金融研究,2011(2):57-70.

21.楼裕胜.金融发展差异与城乡居民收入差距关系研究[J].华中科技大学学报(社会科学版),2008(2):42-47.

22.马瑞永.中国区域金融发展与经济增长关系的实证研究[J]. 金融教学与研究, 2006(2):15-18.

23.孟亚强, 赵石磊. 城乡分割、收入不平等与金融发展[J]. 产业经济研究,2008(5):23-31.

24.潘成夫. 经济增长、金融发展与收入分配:中国向量误差修正模型分析[J].吉林工商学院学报,2010(2):20-26.

25.彭建刚,李关政. 我国金融发展与二元经济结构内在关系的实证分析[J] .金融研究,2006(4):90.

26.钱水土, 许嘉扬. 中国农村金融发展的收入效应——基于省级面板数据的实证分析[J]. 经济理论与经济管理,2011(3):104-112.

27.乔海曙, 陈力. 金融发展与城乡收入差距“倒 U 型”关系的再检验——基于中国县域截面数据的实证分析[J]. 中国农村经济,2009(7):68-85.

28.乔海曙. 农村经济发展中的金融约束及解除[J]. 农业经济问题, 2001(3):19-23.

29.师文明. 金融发展、经济增长和收入不平等:一个内生增长模型[J].中南财经政法大学学报,2009 (1):4-15.

30.苏基溶.中国金融发展与收入分配、贫困关系的经验分析——基于动态面板数据的研究[J]. 金融论坛,2009 (12): 10-16.

31.谈儒勇.中国金融发展和经济增长关系的实证研究[J]. 经济研究, 2000(4):42-46.

32.万广华.中国农村区域间居民收入差距及其变化的实证分析[J]. 经济研究,1998(5):36-49.

33.王建新, 黄鹏.金融发展对收入分配的影响:基于中国29个省区面板数据检验[J]. 上海经济研究,2009(11):3-13.

34.王少平.中国城乡收入差距对实际经济增长的阈值效应[J].中国社会科学,2008(2):22-34.

35.王书华. 经济增长、金融资源分布和居民收入分配结构分析[J].金融评论, 2010(3):104-112.

36.王修华. 农村金融发展对城乡收入差距的影响机理与实证研究[J].经济学动态,2011(2):14-20.

37.王修华. 我国金融发展对居民收入分配影响的实证研究[J]. 财经理论与实践,2007(11): 29-33.

38.温涛, 冉光和, 熊德平.中国金融发展与农民收入增长[J].经济研究,2005(9):21-32.

39.杨俊, 李晓羽, 张宗益. 中国金融发展水平和居民收入分配的实证分析[J]. 经济科学,2006(2): 23-33.

40.姚耀军.金融发展与城乡收入差距的经验分析[J]. 财经研究,2005(2): 49-59.

41.叶志强, 陈习定. 金融发展能减少城乡收入差距吗? [J].金融研究,2011(2): 42-56.

42.余新平，熊晶白，熊德平.中国农村金融发展与农民收入增长[J].中国农村经济，2010(6)：77-96.

43.张敬石，郭沛.中国农村金融发展对农村内部收入差距的影响——基于VAR模型的分析[J].农业技术经济，2011(11)：34-41.

44.张永强，万玉琳.金融发展、对外开放与城乡居民收入差距[J].金融研究，2011(1)：28-39.

45.章奇，刘明兴，陶然.中国的金融中介增长与城乡收入差距[J].中国金融学，2003(11)：71-99.

46.赵楠.中国各地区金融发展的统计学描述[J].统计研究，2007(7)：34-40.

47.郑成德.中国转型时期的金融发展与收入分配[M].北京：中国财政经济出版社，2006.

48.周立，王子明.中国各地区金融发展与经济增长实证[J].管理世界，2000(3)：14-19.

49.周立.中国各地区金融发展与经济增长(1978-2000)[M].北京：清华大学出版社，2004.

二、英文文献

1. Abhijit V. Banerjee and Andrew F. Newman. Occupational Choice and the Process of Development [J]. The Journal of Political Economy, 1993, 101: 274-298.

2. Philipe Aghion and Patrick Bolton. A Theory of Trickle-down Growth and Development [J]. The Review of E-

conomic Studies，1997,64(2):151-172.

3.Allen Franklin，Jun Qian and Meijun Qian. Law，Finance，and Economic Growth in China[J]. Journal of Financial Economics，2005，77：57-116.

4.Thorsten Beck，Asli Demirgü-Kunt and Ross Levine. Finance，Inequality and the Poor[J]. Journal of Economic Growth，2007，12(1)：27-49.

5.Thorsten Beck，Ross Levine and Alexey Levkov. Big Bad Banks? The Impact of U. S. Branch Deregulation on Income Distribution [R]. NBER Working Paper，2009，No.13299.

6.Gary S. Becker and Nigel Tomes. An Equilibrium Theory of the Distribution of Income and Intergenerational Mobility[J]. Journal of Political Economy，1979，87(6)：1153-1189.

7.Gary S. Becker and Nigel Tomes. Human Capital and the Rise and Fall of Families [J]. Journal of Labor Economy，1986,4(1)：1-39.

8.Catherine Bonser-Neal. Does Central Bank Intervention Stabilizes Foreign Exchange Rates? [J]. Economic Review，1996(1):43-57.

9.Robin Burgess and Rohini Pande. Can Rural Banks Reduce Poverty? Evidence from the Indian Social Banking Experiment [J]. American Economic Review，2005，95(2)：

780-795.

10. F. Bourguignon. Exploring the Distribution and Incentive Effects of Tax Harmonization [J]. Empirical Approaches to Fiscal Policy Modelling, 1994, 7: 235-250.

11. Oded Galor, Joseph Zeira. Income Distribution and Macroeconomics [J]. Review of Economic Studies, 1993, 60: 35-52.

12. George Clarke, Lixin Xu and Heng-fu Zou. Finance and Income Inequality: Test of Alternatives Theories [R]. World Bank Policy Research Working Paper, No.2984, 2003.

13. P. Ghate. Informal Finance: Some Findings from Asia [M]. Oxford University Press, 1992.

14. Gottschalk et al. Changing Patters in the Distribution of Economic Welfare [M]. London: Cambridge University Press, 1977.

15. Jeremy Greenwood, Boyan Jovanovic. Financial Development, Growth, and the Distribution of Income [J]. Journal of Political Economy, 1990, 98: 1076-1107.

16. H.C. Wette. Collateral in Credit Rationing in Markets with Imperfect Information: Note [J]. The American Economic Review, 2001, 73: 442-445.

17. Imran Matin, David Hulme and Stuart Rutherford. Finance for the Poor: From Microcredit to Microfinancial Services [J]. Journal of International Development, 2002, 14:

273-294.

18. Kevin M. Murphy, Andrei Shleifer and Robert Vishny. Income Distribution, Market Size and Industrialization [J]. The Quarterly Journal of Economics, 1989,104(3):537-564.

19.Kiminori Matsuyama. Endogenous Inequality [J]. The Review of Economic Studies, 2000, 67: 743-759.

20.Ross Levine and Sara Zervos. Stock Market, Banks and Economics Growth [J]. The American Review, 1998, 6: 537-558.

21.Ross Levine and Sara Zervos. Stock Market Development and Long-run Growth [J]. The World Bank Economic Review, 1996, 110: 323-339.

22.Michael S. Barr. Microfinance and Financial Development [J]. Michigan Journal of International Law, 2005, 26: 271-296.

23.S. C. Myers and N.S. Majluf. Corporate Financing and Investment Decisions when Firms have Information that Investors do not Have [J]. Journal of Financial Economics, 1984,13:187-221.

24.Nobel Maurer and Stephen Haber. Related Lending and Economics Performance: Evidence from Mexico [J]. The Journal of Economic History, 2004, 67: 15-81.

25. Raghuram Rajan and Luigi Zingales. Financial

Dependence and Growth [J]. American Economic Review, 1998, 6: 559-586.

26. Robert M. Townsend and Kenichi Ueda. Financial Deepening, Inequality and Growth: A Model-based Quantitative Evaluation [R], IMF Working Paper, August 23, 2005.

27. Rogier van den Brink, Jean-Paul Chavas. The Microeconomics of an Indigenous African Institution: The Rotating Savings and Credit Association [J]. Economic Development and Culture Change, 1997,45: 745-772.

28. Gilles Saint-Paul, Thierry Verdier. Education, Democracy and Growth [J]. Journal of Development Economics, 1993, 42: 399-407.

29. Shang-Jin Wei and Tao Wang. The Siamese Twins: Do State-owned Banks Favor State-owned Enterprise in China? [J]. China Economic Review, 1997,8(1):19-29.

30. Simon Kuznets. Economic Growth and Income Inequality [J]. American Economic Review, 1995(1):1-28.

31. Stephen Haber, Armando Razo and Nobel Maurer. The Politics of Property Rights: Political Instability, Credible Commitments, and Economic Growth in Mexico (1876-1929) [M]. New York: Cambridge University Press, 2003.

后　记

本书是我在博士论文的基础上修改而成的，同时还结合了我主持的山东省社会科学基金项目“乡村振兴战略下新型农业经营主体融资增信机制优化及政策支撑研究”（项目号：19CJRJ18）的部分研究成果。

在本书付梓之际，思绪万千，深感研究的艰辛，但看着成书也有种自己的孩子初长成的喜悦。从2008年在山东大学攻读博士学位起，我便开始思考一些收入分配不平等的问题，后来到山东农业大学工作，虽然又开拓了新的研究领域，但是始终没有放下对这一问题的探索。时至今日，将这些思考付诸笔端，也算是给自己之前的研究画上一个阶段性的句号。

金融发展、收入分配都是宏大的课题，我的这些思考不过是浅显之学，如果能给其他人一点点启示和借鉴即感欢喜。在本书出版的过程中得到了山东省社会科学基金的大力支持，也幸有山东大学出版社各位编辑老师的辛苦付出，在此一并感谢。

特别感谢我的妻子赵胜男，是她给我生活上无微不至的照顾，才使我能够专心去完成这项工作。

因时间和能力所限，本书的研究尚有不足之处，望各位读者批评指正。我在今后的研究工作中会作进一步的修改完善。

徐汝峰

2022年4月